梦想之巅

王天明◎著

领袖

中国出版集团
现代出版社

图书在版编目(CIP)数据

梦想之巅 / 王天明著.——北京：现代出版社，2013.1 （2024.12重印）

（我的未来不是梦）

ISBN 978-7-5143-1064-1

Ⅰ.①梦… Ⅱ.①王… Ⅲ.①政治家－生平事迹－世界－青年读物②政治家－生平事迹－世界－少年读物 Ⅳ.①K811-49

中国版本图书馆 CIP 数据核字(2012)第 292849 号

我的未来不是梦—梦想之巅(领袖)

作　　者	王天明
责任编辑	李　鹏
出版发行	现代出版社
地　　址	北京市朝阳区安外安华里 504 号
邮政编码	100011
电　　话	(010) 64267325
传　　真	(010) 64245264
电子邮箱	xiandai@cnpitc.com.cn
网　　址	www.modernpress.com.cn
印　　刷	唐山富达印务有限公司
开　　本	700×1000　1/16
印　　张	12
版　　次	2013 年 1 月第 1 版第 1 次印刷　2024 年 12 月第 4 次印刷
书　　号	ISBN 978-7-5143-1064-1
定　　价	47.00 元

序 言

这套以“我的未来不是梦”命名的丛书，经过众多编者的数年努力，终于以这样的形式问世了。

此时，恰值党的“十八大”刚刚胜利闭幕，选举出了以习近平同志为首的党中央领导集体。“十八大”报告中对教育领域提出：“坚持教育为社会主义现代化建设服务、为人民服务，把立德树人作为教育的根本任务，培养德智体美全面发展的社会主义建设者和接班人。”这使我们编者更感此套丛书生即逢时，契合新时期新要求，意义重大。

我们编写的这套《我的未来不是梦》系列丛书，精选了古往今来的一些重要职业，尤以当下热点职业为重。而“梦想的实现”则是本套丛书的核心。整套书立意深远，观点新颖，切合实际，着眼实用，是不可多得的青少年优质读物。

我们深信，这套丛书必将伴随小读者们的生活与学习，而促进他们德智体美全面健康的成长。更使他们对未来充满信心，驾驭着新知识和新科技，驶入海洋，飞向蓝天，去实现最美好的梦想！

目录 CONTENTS

第一章 站在历史的巅峰

第二章 怀揣梦想志不夺

第三章 追求梦想志凌云

CONTENTS

第八章 拥抱梦想展胸襟

第九章 融入梦想现美德

第十章 我的未来不是梦

第一章

站在历史的巅峰

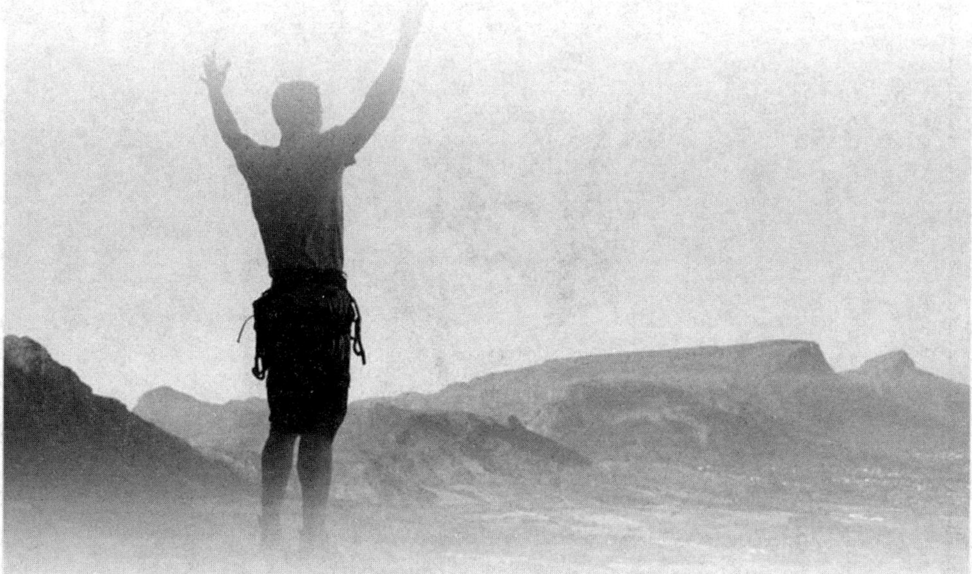

导读

如果说历史是人民创造的，那么，历史也是领袖创造的，因为，领袖是人民的一员，是人民的杰出代表，他们代表了广大人民的意志。历史因领袖的存在而发展、而改变。由于领袖的杰出贡献，历史的画卷上有他们光辉的一页，历史上铭刻下了他们永恒的名字，为后世敬仰。

领袖来自何方

“领袖”一词最早见于《晋书·魏舒传》,魏舒为国家鞠躬尽瘁,深受晋文帝器重,文帝每次朝会坐罢,目送之曰:“魏舒堂堂,人之领袖也。”

在任何一个团体中,总有某一个人或几个人充当着核心的角色,他们的言行能够被团体认可,并指引着团体的某一些决策和行动。我们可以把这种人称作领袖人物。人们通常谈论或者评价的领袖,大多的指向往往集中于国家的、民族的或者某些重要的团体,这是因为,围绕着这些范围内的领袖身上所发生的一切,往往事关重大,涉及民族命运、国家利益,乃至人类发展变化,更容易引来人们的关注。但实际上,领袖的范围非常广泛,一切行业都存在领袖,可以说,有人群的地方就有领袖存在。

人类是群体的动物,自从有人类产生以来,人们赖以生存的重要条件就是依靠群体的力量与自然做斗争以获取生存和发展的可能。随着人类的发展,很自然地,在族群中逐渐出现了领头的人,这个领头的人往往具有独特的能力或者付出更多的努力,给群体带来了益处,通过他的行动,能使族群的行动更有力量。渐渐地,这个领头人便成为了领导者即领袖。人们信服他,听从他的引领;而他付出的也更多。

领袖来自群体,他是群体中的一员;他不是神,他是普通人;他又具有超出普通人的杰出之处,所以他成为了领袖。真正的领袖是群体付与的,而不是强权得来的。

领袖的内在性格特征

诚实守信是领袖所应具备的一项重要的本质特征。

华盛顿曾在总结自己时说过:“我希望我将具有足够的坚定性和美德,借以保持所有称号中,我认为最值得羡慕的称号:一个诚实的人。”华盛顿从小就具有一种诚实的品性,这种品性成为他为人处事的第一准则。他以这一准则来安身立命,发展自我。当历史的际遇来临之际,他接受了挑战,担当起北美独立战争殖民军总司令之职。在抗击英军的过程中,华盛顿率领一支拼凑起来的军队,历经千难万险,艰苦卓绝,最终取得了胜利,这期间,华盛顿品格的力量充分地彰显出来,对于胜利起到了重要的作用。而他在第二届总统任期届满后主动退出政坛,仍然是一种对国人的诚信。只有诚实守信才能赢得群体的信赖,从而走向领袖之位。

勇敢是成为领袖的必备素质。

丘吉尔说过:“勇气很有理由被当作人类德性之首,因为这种德性保证了所有其余的德性。”

华盛顿以诚实为做人准则,丘吉尔以勇敢作为所有品质的第一要素,足见诚实和勇敢都是不可或缺的品质。拿破仑的勇敢人所共知。从一个小小科西嘉岛的少年,到法兰西第一帝国皇帝,在这个奇迹的创造过程中,拿破仑的勇敢令人称奇。他的勇敢,犹如常人眼中的晴天霹雳,不可能变为可能;不可为变为可为;腐朽化作神奇。当然,勇敢走向反面,也使拿破仑沦为囚徒。

积极进取是走向领袖地位的内在推动力。

“决不退缩”是丘吉尔的人生原则，也是他的一贯作风。他还是顽童时，在游戏中争强好胜；而一旦有了人生目标之后，他的天性则表现为积极进取，决不退缩。无论是政坛的大起大落，还是二战的濒临危境，丘吉尔都能拿出一种大无畏的气概，执掌政坛风云，划破战争阴云。

积极进取，使一切变得皆有可能；知难而退，则前途暗淡无光。

胆识与韬略是成就领袖辉煌的综合品质。

康熙皇帝 10 岁登基，16 岁亲政，在位 56 年。十几岁时，就智擒鳌拜，剿灭三藩叛乱，进而统一台湾，稳定西藏，理顺民心，发展经济，直至迎来太平盛世。若非具有超凡的胆识与韬略，是万难达成的。

彼得大帝虽然 10 岁被付与沙皇称谓，但随后被放逐。而当他真正执掌皇权后，一切都发生了前所未有的变化。由于彼得大帝的胆识与韬略，俄罗斯从一个地处欧洲偏隅的国家，一跃而成为一个世界性的重要大国。胆识与韬略是一种策动的力量，有了这种力量，行动就有依据和尺度，才可以突破常态，运筹帷幄，走向成功。

宽容是领袖达到高境界的标志。

曼德拉曾经被囚禁多年，而当他获释并最终成为南非总统时，他能以宽容的胸怀对待曾经折磨过他的狱警。曼德拉说过：“压迫者和被压迫者一样需要获得解放。夺走别人自由的人是仇恨的囚徒，他被偏见和短视的铁栅囚禁着。”从这句话中人们就可以体会出曼德拉能够做出如此宽容举动的内在动力。

林肯也可以抱着一种宽容的心态对待他的政敌，他说：“当他们变成我的朋友时，也就不存在敌人了。”

宽容是一种胸怀，是一种无形的力量。宽容之心，显出博大胸怀，宽容之举，赢得世道人心。

担当是领袖脱颖而出并赢得信赖的试金石。

在法国大革命处于最危险的关键时刻，是拿破仑自告奋勇地担当起了部队攻坚队队长的职务，而且身先士卒，生死无惧，才有了法国革命的延续，才有了后来的拿破仑将军以及拿破仑皇帝。拿破仑的勇于担当，使他顷刻成名，迈出了领袖的第一步。

南丁格尔从小就有“为人类做些什么”的愿望，长大后担当重任，亲赴战争前线救治伤员，历经磨炼，终成一代伟大女性。

担当是综合品性的外化，是对自我的肯定，是对群体利益的认同。担当，就像阴霾中的一道阳光，给人以希望。

华盛顿总统

历史因他们而改变

回望历史星河，领袖人物如繁星闪烁，古往今来，曾有无数的仁人志士为人类的文明与发展作出了不朽的贡献；更有那些杰出者，犹如巨星高挂，闪烁其不朽的光华，为后世敬仰。

人类历史发展到今天，无不仰赖领袖人物的丰功伟绩，历史因为有了领袖人物而改变，而发展；众多的领袖人物融入民族的、国家的乃至人类的海洋之中，应民所愿，成民所望，引领潮流，完成了历史的使命。

那些杰出的领袖人物的足迹从历史的那一端走来，至今都清晰可辨。

从炎黄到尧舜禹，作为华夏民族的人文祖先，他们开创了华夏民族的历史先河，成就了一个伟大民族的生生不息与繁衍发展。

秦皇汉武、成吉思汗，一统天下，开疆拓土，促进华夏融合；康熙大帝迎来太平盛世；孙中山结束几千年封建王朝，民主之风扑面而来；新中国的领袖们则翻开了华夏民族的崭新篇章。

亚历山大大帝威名远扬，首开丝绸之路，为东西方交流奠定基础，其历史价值无法估量。

恺撒大帝以高超智慧成就了罗马帝国，给欧洲的未来以巨大的影响。

彼得大帝的胆识与韬略则实现了俄罗斯的大国梦想。

华盛顿带领殖民地军队为自由而战，开启了一个自由民主的国家。

罗斯福、丘吉尔、斯大林力挽狂澜，挽救了二战的危机，使人类得以回归正常的发展轨道。

伏尔泰开启了欧洲的民主之风，撒下了民主精神的种子。

马克思以博大的胸怀和远见卓识，为全世界劳苦大众打开了一扇通向解放的大门，留下的精神财富泽被天下。

领袖们站在历史的巅峰，既是历史的开拓者，又是历史的引领者，他们与民众共同书写下历史的篇章。

在世界多极化发展的当今，领袖们面临着更多方面的考验，这需要领袖们既要立足于本国、本民族，又要面向多极化的世界，高瞻远瞩，引领时代潮流，带动人类走向文明的脚步，为全人类的福祉作出卓越的贡献。

历史必将铭刻下他们的丰功伟绩。

马克思

智慧心语

我希望我将具有足够的坚定性和美德，借以保持所有称号中，我认为最值得羡慕的称号：一个诚实的人。

——华盛顿

对于不屈不挠的人来说，没有失败这回事。

——俾斯麦

会当凌绝顶，一览众山小。

——杜 甫

不畏浮云遮望眼，自缘身在最高层。

——王安石

拒不思考历史的民族、社会和个人是不幸的。……丧失往昔的人是不幸的。世人应当认识和尊重过去，以便建设符合情理的未来。

——雅克·勒高夫

伟大的事业，需要决心、能力、组织和责任感。

——易卜生

第二章

怀揣梦想志不夺

亚历山大大帝

导读

梦想如花芬芳四溢，梦想如剑刺破云端。

胸怀大志，则人生的航船有个扬起的风帆；而胸无大志，则人生犹如一叶扁舟随风漂泊。纵观人类历史，那些在各个领域的领袖人物，大都因怀揣梦想而成就了一番伟业，最终走向了人生的顶峰，成为人生楷模，令人敬仰，名垂千秋。

■ 勇者无惧

有一尊非常著名的雕像,其上的人物有健硕的体魄,年轻英俊,神态坚定自若,左手上举,握住搭在肩上的“抛石带”,右手下垂,似要握拳,头部微俯,直视前方,时刻准备投入战斗。——它,就是米开朗琪罗著名的雕塑《大卫》。

你一定还记得54张扑克牌中的黑桃K吧,那是王者的体现,它代表的与《大卫》雕塑上所代表的是同一个人物。

这里的主人公,就是被传扬了几千年的统一了以色列的伟大的王——大卫王。

大约在公元前1000年,巴勒斯坦的一个山谷,一场大战即将拉开序幕。令人窒息的气氛四处弥散,恐怖的气息也在吞噬着其中一方的气势。这场大战对峙的双方是国王扫罗率领的以色列人与非利士人,双方投入的兵力成千上万,但只有一位勇士似乎成为了胜利的主宰,他就是非利士人大力士哥利亚。哥利亚身材异常高大魁梧,素以骁勇善战闻名,常令敌人闻风丧胆。

哥利亚来到两军阵前,用恶毒的语言及不恭的行为向以色列人挑战,以色列人受到了百般侮辱,但摄于哥利亚的声名与气势,竟然没有一个以色列人出列迎战,这真是莫大的耻辱。如果这种局面持续下去,恐怕以色列人将会失去这场战争。

在这紧要关头,一个英雄的少年出现了,他就是大卫! 此时的大卫只是一个牧童，大卫虽是以色列的一员，但他并非战士。看到眼前的战斗气氛，大卫主动请缨，意欲出战。扫罗王同意了大卫的请战。

来到阵前的大卫显出聪明英俊的神态，所有见到他的人都感到惊奇："一个单薄弱小的少年竟敢接受哥利亚的挑战！"哥利亚怎能将大卫放在眼里，对他不屑一顾。大卫镇定而庄重地告诉哥利亚："你来攻击我，依靠的是武器，而我攻击你，靠的是我们的上帝耶和华！"在哥利亚露出轻蔑的神态的瞬间，大卫扬手一甩，用甩石鞭甩出一记鹅卵石，鹅卵石以极快的速度飞向哥利亚，击中哥利亚的头部。哥利亚何曾料到这记鹅卵石的力量，大叫一声，庞大的身体轰然倒地，气绝身亡。这瞬间击杀是对峙双方都不曾料想的。非利士人更是呆若木鸡，没有一个人敢于上前有所动作。大卫沉着地来到哥利亚身边，拔出哥利亚的佩剑，刷的一下割下了后者的人头。再看非利士人，呆然之后便是全体的惊骇，然后就像一盘散沙一样四散奔逃。而以色列人则是勇气陡增，在国王扫罗的率领下，一路追杀，非利士人则是死伤无数，好几座被非利士人占领的城池也被夺了回来。

这就是少年大卫，英雄的牧童大卫。他以自己的英勇无畏，降服了敌首，震慑了敌军，唤醒了以色列人杀敌保家的勇气，为一场战争赢得了胜利，更为以色列人的前途带来了新的希望。

自从摩西带领以色列人走出埃及之后，以色列人一直在艰难地前行，始终在找寻家园的道路上历经磨难。

公元前1025年左右，以色列人在巴勒斯坦这块被称为"流着牛奶和蜂蜜的土地"上建立了第一个希伯来人的王国。但是，身旁就是骁勇善战的非利士人。为了获得立足地及生存繁衍，以色列人必须与非利士人进行持续的战斗。

战胜非利士人后，一举成名的大卫在随后的战争中，又凭借自己的智慧和勇气不断击败敌人，被人民奉为英雄，甚至有这样的说法："扫罗杀敌千千，大卫杀敌万万。"可见，对少年大卫的赞誉已经超过了当时的以色列国王。

可以说，大卫的出现是以色列种族发展延续的重要转折点。在之后的若干年后，少年大卫终于成长为新的以色列国王，并且靠智慧和胆识，扫除了种种障碍，统一了以色列，建都耶路撒冷，进而将以色列的版图空前扩大。大卫也被以色列民族尊崇为以色列最伟大的国王，他在人类历史上留下了久远的声望。

逐梦箴言

生死相搏的战场，令人胆寒的局势，一个牧童少年何以挺身而出于万众瞩目之中？这是勇气的勃发，这是历史赋予的使命。可谓“勇者无惧”啊！当世界最需要你的时候，才是你最应出现的时候。此时，有勇气，世界就是你的。

知识链接

耶路撒冷：位于亚洲西南巴勒斯坦地区的中部，海拔 790 米。居民主要是阿拉伯人和犹太人。相传古犹太王所罗门在此建造“圣殿”后，成为犹太人政治和宗教的中心。基督教相信耶稣被钉死于此，伊斯兰教相信穆罕默德曾在此登霄，故犹太教、基督教和伊斯兰教都奉之为“圣地”。

■ 阡陌上的崛起

秦朝末年，公元前209年的七月。一群征夫行走在前往渔阳的路途上，突遇大雨，道途被阻，他们滞留在了一处名为大泽乡的地方。面对官府的严令，他们有两种选择，一是逾期受死，二是逃跑受死。这时，在众人之中，一个人站了出来，率领众人高举义旗，矛头直指秦王朝。这个人就是陈胜。而大泽乡振臂一呼应者云集也成为了历史经典的一幕。

作为中国古代第一次农民起义的领袖，陈胜的名字千百年来广为人知。翻开《史记》便知，司马迁更是将陈胜的名字列入书中，以一篇《陈涉世家》为其作传。

《史记·陈涉世家》用简洁的笔法描述了陈涉其人以及陈涉率众起义震慑秦王朝，直至令秦王朝大厦倾覆的历史故事。其中"燕雀焉知鸿鹄之志哉"、"王侯将相宁有种乎？"二句则流传千古，为胸怀大志者感慨之语。

王权在上，众生在下。千百年的王权更迭，只见强势与强势的对抗，权力与权力的纷争。百姓似草芥一般，在王权更迭的车轮碾压下呻吟，甚至没有呻吟的机会便化作泥土。在严苛的王权之下，百姓鲜有冒犯王权而行己见者。

陈胜何许人也？

按司马迁的描述："陈涉之位，非尊于齐、楚、燕、赵、韩、魏、宋、卫、中山之君也。""谪戍之众，非俦于九国之师也。"陈胜的地位并不比齐、楚、燕、赵、韩、魏、宋、卫、中山的国君尊贵。而陈胜所率领的被征发戍守边地的民众，也不比九国的民众强大。可见，从出身来看，陈胜就是一名普通的百姓。

但是，陈胜志存高远。还在田间耕种之时，陈胜就能喊出“燕雀安知鸿鹄之志哉”的心声，而在高举义旗的时候，一句“王侯将相宁有种乎？”又可见陈胜的矢志不渝。

司马迁在《陈涉世家》中，深刻地分析指明暴秦倾覆的本质，这是历史的必然。但在推动这种必然的时候，唯有陈胜首倡义举，因此，只有陈胜成为了中国古代第一次农民起义的领袖。究其因，陈胜在耕田的时候就有一个不屈的志向，他将这志向的种子种到了心田里。我们可以想象，陈胜每一次仰望头顶上灰暗而压抑的天空时那一刻的愤懑之情，还可以想象，陈胜在注视脚下那焦渴的土地而环顾自身破烂的衣衫时不平的心绪。一旦时机来临，埋藏在陈胜心田的那颗种子破土而出，顶翻了一座腐朽的宫殿。

尽管江山的宝座没能选择陈胜而选择了刘邦，但陈胜无疑是这个宝座的重要奠基者。

逐梦箴言

一介布衣，芸芸众生之列，但因陈涉胸怀大志，做出了超群拔俗的义举，跻身英雄辈。可见，梦想与志向决定了人生的走向。

知识链接

秦二世：秦朝第二代皇帝，秦始皇少子，名胡亥（前 230—前 207）。公元前 210—前 207 年在位，为李斯、赵高拥立，称二世皇帝。统治期间，赵高用事，继续大修阿房宫和地道，诛戮大臣宗室，李斯被腰斩于市，赋税徭役较秦始皇时更为繁重。即位不久就爆发陈胜、吴广领导的农民大起义。后为赵高逼迫自杀。

盖世之勇

随着陈胜的首倡义举,又一位起义军的领袖猛然崛起,他就是号称“西楚霸王”、天下无双的项羽。

项羽(前232—前202),名籍,字羽。中国古代杰出的军事家及著名政治人物。中国军事思想“勇战派”代表人物,秦末起义军领袖。“籍长八尺余,力能扛鼎,才气过人,虽吴中子弟皆已惮籍矣。”这是司马迁对项羽的评价。在《史记》中,司马迁以“本纪”的形式为其作传,加以记述。

项羽家族世代为将,因此,项羽小的时候有条件进行各种学习。起初,他曾经学习识文断字,没学成便放弃了。又学习剑术,也没学成。叔父项梁很生气。而项羽却说:“识字,能够用来记名姓就可以了;剑术,也只能敌一人,不值得学。我要学可以敌万人的本事。”此时已经可以看出项羽其人,年龄虽小,其志不小。

有一次,秦始皇巡游,准备渡钱塘。秦始皇盛气凌人,侍者则前呼后拥,场面非凡,引来百姓纷纷前来围观。项羽也在群众之列。看到这副场景,众百姓皆惊羡而穆然,而小小项羽则语出惊人,他对叔父说:“这个人我可以取而代之。”叔父闻听此言骇然制止。谁都知道,在当时,皇帝的名字都是要回避的,还敢有人冒犯天颜,觊觎皇帝宝座!这句话一旦传出,会立即招致杀身之祸,诛灭九族之灾。项羽并非无知少年,这句话也不是莽撞之语。只能说,这句话是项羽的肺腑之言。其后的历史完全证明了项羽的胆识和勇气。

陈胜揭竿而起之后,项羽随叔父项梁在吴中刺杀太守殷通起兵响应,这一战项羽独自便斩杀殷通的卫兵近百人，第一次展现了他天下无双的武艺和霸气，令人胆寒。时年二十四岁的项羽，就这样带领八千吴中将士开始了短暂而辉煌的历程，登上了秦末的历史舞台，给后人留下了难忘的一页。

太史公也不禁赞叹：三年，遂将五诸侯灭秦，分裂天下，而封王侯，政由羽出，号为“霸王”，位虽不终，近古以来未尝有也。

项羽从二十四岁起兵反秦，历经巨鹿之战、彭城之战、垓下之战等著名战役，二十七岁成为分封十八路诸侯的西楚霸王，三十岁自刎乌江。短暂而辉煌悲壮的一生诠释了项羽这位当之无愧的英雄豪杰，令后人感慨万千，嘘嘘不已。

且看与这位豪杰有关的成语：

破釜沉舟、四面楚歌、取而代之、先发制人、一决雌雄、霸王别姬

再看有关诗句：

题乌江亭

杜 牧

胜败兵家事不期，包羞忍耻是男儿。
江东子弟多才俊，卷土重来未可知。

叠乌江亭

王安石

百战疲劳壮士哀，中原一败势难回。
江东弟子今犹在，肯为君王卷土来？

登广武古战场怀古（节选）

李 白

秦鹿奔野草，逐之若飞蓬。
项王气盖世，紫电明双瞳。
呼吸八千人，横行起江东。

夏日绝句

李清照

生当作人杰，死亦为鬼雄。
至今思项羽，不肯过江东。

李清照这首绝句，表达了女诗人对这位英雄豪杰的深深缅怀。

而最催人泪下的还是项羽在四面楚歌中吟唱的《垓下歌》：

力拔山兮气盖世，时不利兮骓不逝。骓不逝兮可奈何，虞兮虞兮奈若何！

太史公写道："歌数阕，美人和之。项王泣数行下，左右皆泣，莫能仰视。"可见，从"彼可取而代之"的少年胆识，到垓下自刎的英勇悲壮，项羽成就了一个盖世之勇的英雄形象。

尽管江山的宝座还是没能选择项羽而选择了刘邦，但作为反秦起义军的领袖，作为杰出的军事统帅，项羽在推翻秦王朝过程中，起到了无法替代的重要作用。他的武勇古今无双。

逐梦箴言

有盖世之勇，才有可能成就惊天之举。勇气是激发内在潜能的动力源泉，有了勇气，才会有行动的力量，才能无所畏惧。

知识链接

彭城之战：公元前205年项羽在彭城击溃刘邦的战争。前205年，刘邦趁项羽出兵齐地（今山东大部）攻打田荣之际，集合军队攻占彭城（今江苏省徐州市）。项羽遂率领精兵三万南下，趁刘邦不备，发动进攻，大败刘邦数十万人，是中国历史上以少胜多的著名战例。

■ 智者无畏

古罗马时代，公元前的某一天。看似宁静的海面，突然出现了一个劫掠的场面，一群海盗手执长矛弓箭乘船奔袭而来，将懵然不知情的一群人劫持，财物洗劫一空，所有人被绳索捆绑带上贼船。

当时，海盗活动猖獗，其凶残也使人闻听色变。被劫持者命悬一线，有的苦苦哀求，有的掩面而泣，有的则是瘫倒在地。

海盗首领露出狰狞的面孔，说道："活命是不可能的，现在你们还有什么话快说，一会儿把你们抛进大海喂了鱼，就只能对鱼说了。"闻听此话，紧张的气氛陡然升温，哀求声不绝于耳，有的人甚至双膝跪到了海盗的面前，绝望地哀求。

"杀了我们对于你们并没有什么好处，这是个目光短浅的做法。"一个镇定而洪亮的声音打破了这纷乱的场面，人们顿时止住了哀求，都把目光集中到了这里。

海盗首领循声看去，只见是个年轻的男子，这个人镇定自若，与众不同。"哦，小子，你都死到临头了，还想跟我要把戏吗？我给你个机会，倒要看看你能怎么样。说吧——"海盗晃动着长矛恶狠狠地说道。

年轻男子沉着说道："我有个办法可以让你们得到一大笔钱。"

"哦？"海盗首领眼前一亮，又疑惑地说道："你在骗我？我立刻要你的命！"

"我家里很富有，你们可以以我为人质，让其他人回去报信，这样就可以得到一大笔赎金。”

海盗一想，被劫持的人也只有眼前的年轻人最有价值，于是便放弃了杀人的想法，准备放其他人回去报信，提出了要十桶赎金的条件。

年轻人听到自己的身价后哈哈大笑，说道：“我的身价也太低了，难道就值十桶金？我看你们可以把我的身价提高到五十桶。”

听到这句带有戏弄的话，海盗首领恼怒地说道：“给我闭嘴，不然我就杀了你！”

“你不会的，你还要等着送来五十桶金呢！”

年轻人自信说道：“而且，我一旦获得自由，一定会回来消灭你们的！”听到这话，海盗们哈哈大笑，他们不以为然，以为这个自不量力的小子一定是疯了。

然而，这些流寇做梦也不会知道，眼前这位年轻人就是恺撒——古罗马帝国的缔造者——恺撒大帝。

当然，他们也绝不会想到，从古到今，海盗的下场很少有比他们更糟的。

几十天后，恺撒被重金赎回。而后，恺撒开始了对这群海盗的清剿以完成自己的诺言。恺撒组织了一群战斗力很强的勇士，向政府借了一艘战舰，他们将这群海盗击败并虏获。

在地中海灼热的日光下海盗们被赤裸裸地钉在十字架上，他们可没有被赎回的可能，直到慢慢地死去。

或许在临死前，他们在想，当初是不该劫掠恺撒，还是不该给恺撒以赎回的机会？然而，海盗只能是海盗，他们哪能跟非凡的恺撒相比呢？在危急关头，年轻的恺撒表现出了超人的睿智、胆识和勇毅，也正是这种禀赋成就了一位威名传千古的无冕之王——恺撒大帝。

恺撒，全名为盖乌斯·尤利乌斯·恺撒，出生于公元前100年，出身贵族，少年时期受过良好的教育。7岁时，恺撒被送进了专门培养贵族子弟的学校。在学校里，恺撒始终出类拔萃，他的文学、历史、地理等科目总是得到老师的夸赞。他活泼开朗，思维敏锐，而最令人惊奇的是他总有问不完的问题，还要打破砂锅问到底。

恺撒小时候就受到当过罗马执政官的外祖父及姑父大将军马略的熏陶，他常常缠着姑父给他讲他在外出征打仗的故事。恺撒的母亲相信自己的儿子绝非凡夫俗子，对他的教育格外重视。恺撒也不辜负母亲的期望，博览群书，学业有成，写得一手好文章，十几岁就发表了《赫库力斯的功勋》和悲剧《俄狄浦斯》。他酷爱古希腊文化，特别是希腊的古典文学。除文学外，恺撒还喜欢体育运动，他精通骑马、剑术等，肌肉发达，体格强健。在整个少年时代的成长过程中，恺撒逐渐形成了自己的独特见解，怀抱雄心大志，渴求取得罗马的最高权力，为此，他努力学习讲演和写作技巧，终于成为一位出色的演说家。他的努力使他成为当时知识最渊博的人物之一。

恺撒成长于一个充满政治斗争的环境，16 岁时，即已在政治方面有了自己坚定的主见。19 岁时，恺撒投身军界，经历了十年的戎马生涯。

直到被刺身亡，在短短的十年间，恺撒以其异乎寻常的胆略和勇毅奇迹般地缔造了古罗马帝国，也使自己成为威震欧、亚、非三大洲的古罗马统帅，杰出的政治家和军事家，充满传奇色彩的英雄人物，至今被誉为欧洲历史上最伟大的四大军事统帅之一（亚历山大大帝、恺撒大帝、汉尼拔、拿破仑）。

在世人眼里，恺撒大帝是一种统治力量的象征，代表着强势、权威、成功、荣耀。

逐梦箴言

一个人应养成信赖自己的习惯，即使在最危急的时候，也要相信自己的勇敢与毅力，这些都是以内心的胆识为根基的，内心充满渴望就能看到曙光，恺撒大帝的转危为安就是个绝佳的明证。

知识链接

古罗马帝国：公元前27—公元476年间，统治着整个地中海地区的罗马奴隶制国家。通常分为前期帝国（前27—公元284年）和后期帝国（284—476）两个时期。395年，帝国正式分裂为东西两部分，西部统治日益薄弱。476年9月，日耳曼雇佣兵首领鄂多亚克废黜末帝罗慕路斯·奥古斯都鲁，西罗马帝国最终瓦解。东罗马帝国（又叫拜占庭帝国）存至1453年。

■ 韬略在怀

“兵者，国之大事，死生之地，存亡之道，不可不察也。”这是《孙子兵法》开篇之旨，也是全书之旨。千百年来，凡用兵之事，都没有离开这样的主旨。

此书的作者就是春秋末期的著名军事家孙武。《孙子兵法》可谓天下兵书，也是千载奇书。而著此书者该是怎样的奇人呢？

春秋战国时代，征战连绵，毁国易帜时有发生。这既是个异常动荡的时代，也是个藏龙卧虎、人才辈出的时代。孙武就生长在这样的时代。

孙武，字长卿，齐国人。孙武的曾祖、祖父均为齐国名将，为齐国立下过战功。齐景公一朝，其祖父田书在攻打莒国的战争中立下了战功，备受齐景公的赏识，把乐安封给了田书，同时还赐姓“孙”氏。

一个偶然的机会，齐景公听说田书有个小孙子很是奇特，小小年纪居然懂得排兵布阵之法，箭术也不一般，很想见识一下。

这天，齐景公来到田书府上商议国事，谈论用兵之道。

田书的见解让齐景公连连称道：

“爱卿的用兵之道寡人佩服，这也是国人的幸事。听说爱卿还有个小孙子也通晓兵法，寡人很想见上一面。”

田书施礼道：“小小孩童，怎敢在国君面前献丑呢？”

“爱卿不必多虑，但见无妨——”

齐景公话音未落，一个童子来到了近前，跪拜在地：“臣子长卿拜见国君。”

齐景公一见,近前的是一个眉清目秀的孩童,再一打量,这孩童浑身上下还真是透着一股灵秀之气。

齐景公问道:“寡人听说你懂得排兵布阵之法,箭术也不一般,可否让寡人见识见识?”

田书深怕孙子言语有失,连忙说道:“禀告国君,孙儿年纪尚小,只是略读些典籍,对兵法知之甚浅。”

“老将军不必过虑,将门之子,知晓兵法也是应该的。还是让孩子说说吧。”齐景公示意长卿。

长卿答道:“臣子虽然没有专门从师学过兵法,只因生在将门,受前辈影响,略知一些。”

“大胆!”田书呵斥道。

齐景公笑道:“老将军不必阻拦,童言无忌嘛。寡人很想接着听下去。长卿果真是像传闻的那样,寡人也该替老将军高兴啊!况且,齐国将来又多了个像老将军这样的将才呀!寡人不但要听下去,还要当着众人的面考考他。”

“好吧!”田书答道,而后对长卿严肃说道:“孙儿,你要恭敬地回答国君的问话!”

长卿点头称是。

齐景公问道:“从古到今,著名的兵法有哪些呢?”

长卿沉着而郑重回答道:“回国君,古时的兵法流传到今天,最早的要数黄帝的大将风后所著的《握奇经》。当朝开国,六百年前,吕尚辅佐文王、武王出兵灭商纣王时,著有兵法《六韬》,六韬分为:‘文韬’‘武韬’‘龙韬’‘虎韬’‘豹韬’‘犬韬’共六卷。近代也有一些谈论兵法的书章,散见于各家的著作之中……”

眼见这个孩童,闻听他对兵书的解说,在场的众人都露出惊奇的目光。齐景公更是异常兴奋,他目不转睛地审视着长卿,惊奇不已,追问道:“那你一定读过这些兵书了,能记下书中的具体内容吗?”

“记得。”长卿自信地点了点头。

“好！”齐景公兴奋地说道，“现在寡人就想听一听《握奇经》里的句子……”

接下来，齐景公和长卿一问一答，引得众人屏息细听，而后连连称奇。

一旁的祖父田书本来还为孙儿担心，现在，他也暗自称奇，没想到长卿对于兵书会有如此深的悟性，深感孙儿确实非同一般。

“很好！”在一段问答之后，齐景公赞叹道，“寡人完全相信你对兵书的了解了，能在本朝出现你这样的奇童，真是我齐国的幸事！”说罢，转对田书：“老将军，这是不可多得的宝贝，你可要为齐国培养出下一个将帅之才啊！”

“国君过奖！”田书躬身答道。

齐景公用欣赏的目光看着长卿：“寡人还听说你的箭法也不一般，能否再让大家见识见识？”

长卿欣然领命。

齐景公命人设好箭靶，先在靶心射上两箭，而后由长卿射出第三箭，以求三箭同心。

长卿张弓搭箭，待要射出，又放了下来。

齐景公不解，问道：“没有把握吗？”

“回国君，我觉得这弓软了些。”

这句话一出口，众人大为惊诧，小小孩童能有多大的力量呢？

齐景公命人取来一张更硬的弓，长卿试了一下，不经意间，已经一箭射出，正中靶心，正可谓三箭同心。

众人击掌喝彩，赞叹不已。

“好一个奇童！寡人要对世人说，‘这都是寡人亲眼所见’！”齐景公扶着长卿的肩头说道，“既然你一心向武，本王就给你取名‘武’吧，长卿就做你的字……”

这就是孙武名字的由来。

从孙武对答兵书到箭中靶心，这看似传奇的一幕，实则绝非偶然。有道是，乱世出英才，孙武就是乱世的英才。难能可贵的是，还是童年的孙武，就能纵观古今兵家之事，对国之大事有如此的专注，若非是志存高远，心怀治国安邦之韬略，怎能悟出“兵者，国之大事”的真谛，而作出《孙子兵法》这部集哲学思维、军事谋略、文学华采于一身的千古名著，为后世传扬并效法呢？

逐梦箴言

《孙子兵法》堪称天下奇观，这一奇观的创造者孙武的故事让人们看到：任何伟大的作品的背后总有非凡的故事。

知识链接

《孙子兵法》：中国古代最著名的兵书，也是世界现存最古老的军事理论著作，春秋末孙武著。该书总结了春秋末期及以前的战争经验，揭示了一系列带着普遍性的军事规律，如“知己知彼，百战不殆”“攻其无备，出其不意”等，包含着朴素的唯物论和辩证法思想，并形成了系统的军事理论体系，备受国内外推崇。8 世纪传入日本，18 世纪又传入欧洲，有日、法、英、俄、德、意、希伯来、阿拉伯语等语种的译本流传。

■ 爱的呼唤

现代生活中,人们常常把护士称作"白衣天使",由于有了这些"白衣天使"的辛勤劳动和悉心照顾,人们的病痛得以减轻,焦虑的心情得到安慰,甚至疾患得以根除,走向健康之路。护士已经成为社会生活中须臾不可缺少的行业。然而,在许多年以前,护士行业完全不是这个样子,在人们的心目中也没有"白衣天使"的影像。因为一个伟大女性的出现让这一切有所改观,直至产生里程碑式的变化,从此,护士这一行业才真正走上了一条关爱病患,传递爱心,善待他人的道路,直至完善到现代专业的门类。这位女性就是被人们称作"提灯女神"、"光明的天使"的南丁格尔,她也被公认为护理事业的创始人和现代护理教育的奠基人。

佛罗伦斯·南丁格尔,英国人,是在其父母游历意大利著名古城佛罗伦萨城时,于 1820 年 5 月 12 日所生,因此,父母便以此城为名为她取名佛罗伦斯。"南丁格尔"英文原意为"夜莺","佛罗伦斯"则是"花之都城"的意思。"南丁格尔·佛罗伦斯"则是一个集合了花与鸟的美丽名字,南丁格尔一生的作为也恰恰印证了这个美丽名字的象征意义,成为了善与美的代言人,成为白衣天使的先驱。

南丁格尔生于一个名门富有之家,家境优裕,作为一名统计师,她的父亲威廉·爱德华是一个博学而有文化教养的人。母亲芬妮·史密斯,也出身于英国望族,不但家道富有,更是世代行善,声名远播。南丁格尔的父亲毕业于剑桥大学,谙熟数学,精通英、法、德、意四门语言,除古典文学外,还精于自然科学、历史和哲学，擅长音乐与绘画。

从一出生，南丁格尔便过着优渥的生活，优良的家庭传统及完善的家庭教育使他的未来注定有个美好的方向。父母也希望南丁格尔走上一条前程似锦的道路。令人意想不到的是，南丁格尔没有遵从父母及家人的意愿，走向了另外的一条路——一条艰辛坎坷的道路，但这条道路却是通向人类福祉的道路，通过南丁格尔的努力，善良的力量得以彰显，人类的健康有了不可或缺的守护之神。

古语说："人之初，性本善。"正是因为人的善良的本性，让我们的社会一步步走向文明。可以说，南丁格尔走上关怀人类健康的道路并不是偶然的，是历经了无数次的艰难抉择与不懈努力才达到的。但更为重要的是，在童年时代，一颗善良的种子就已深埋在了她的内心，最终变为一种渴望与追求。

富裕的家庭生活并没有让童年的南丁格尔无忧无虑地安然享受，在她的内心总有一种焦虑与不安，这焦虑与不安来自于对那些弱小的生命体的关注，来自于她对很多事物所投入的感情。

由于生活环境的关系，南丁格尔从小就接触了许多动物，她非常乐于和这些动物交往，诸如小猫、小狗都是她身边的玩伴儿，即使是那些树林里的小松鼠、小鸟也都是她的好友。她会因为树林里的松鼠肯吃自己送去的食物，最终还在她的肩头蹦蹦跳跳而兴奋不已；她会因为一个鸟巢的被毁而哭泣和愤愤不已；她会因为家里的退役老马将要被卖掉而坚决阻拦并因自己的成功而异常欣慰。对于这些动物，童年的南丁格尔就投入了极大的热情和爱心，乐于和它们交往，肯为它们付出，并因此而快乐。有一次，一只小山雀死了，她用手帕把小鸟包起来，把它埋在花园内的松树下，还竖起了一块小墓碑，上面写了墓志铭——

可怜的小山雀/你为何死去/你头上的皇冠/是那样美丽//但是现在/你却躺在那里/对我不理不睬/不闻不问

还有一次，一个牧羊人的狗受了伤很痛苦，牧羊人不忍心看下去，含着泪准备用猎枪结束狗的性命。恰巧，南丁格尔与牧师经过这里，看到了这一幕。南丁格尔用爱心阻止了牧羊人迫不得已的想法，并全力救治、悉心照料这只牧羊犬，终于使它痊愈如常。这可是南丁格尔第一次的救护行为。可以想象，这次的救助一定给了南丁格尔很大的启示。

对于那些需要帮助的人，南丁格尔更是表现出特有的善意，尤其是对那些处境贫困且身患疾病的人，南丁格尔可以不顾自己被染病的危险，投入极大的热情，去关心去帮助，而且体贴入微，照顾细致，给患者带去温暖，带去欢乐。从童年到少年，南丁格尔无数次地用自己的善良之心、关爱之情去帮助一切她所能帮助的对象。而越是付诸行动，她的内心就越是焦虑与不安，因为她越来越多地看到了自己所处生活与她的所见所闻有着那么多的不同。

可以说，与一般的富贵人家的子弟相比，南丁格尔有着超乎寻常的不同。身居富裕之中，而内心所想，志趣所在，却不同凡响。南丁格尔有一个大她少许的姐姐，姐姐很是安于自身家庭的富裕生活，并对此深感幸福，她时常鼓励妹妹按照家里铺就的锦程走下去。

这种想法，别说是在那个年代，即便是今天，也是理所应当的事情。可是，南丁格尔的内心却不以为然。“这不是我所想要的生活！”南丁格尔吐出了这样的心声。虽然年少的南丁格尔对自己未来并没有具体而清晰的目标，但有一点很明确，她的未来不是做高贵的少奶奶，不想去过那种养尊处优的生活，她要为人类去做一些有意义的事情。

南丁格尔从小就接受了优良的教育，但这种优良的教育并没有使她顺理成章地走入世俗般的窄路，去为个人的所谓前程铺路，相反，优良的教育提升了她的思考力，使她对这个世界的理解有了独特的观点，并且领悟到了自己的价值所在。

这些往往也是任何一个伟大人物所共有的特质。

南丁格尔的内心陷入求索的苦闷之中。

是为家人锦上添花还是为他人雪中送炭，这表面上并不矛盾的两方面在南丁格尔的选择中出现了对立。她一直在寻求解决的办法，但心底的愿望却随着时间的推移而增强。

南丁格尔一家都是虔诚的信徒，都是上帝的子民，一家人每天早晨都要去礼拜堂向上帝祷告。这天，南丁格尔虔诚地跪在基督像前。“上帝啊，如果你了解我的内心所想，就请赐予我勇气和力量吧！”这是南丁格尔倾诉的心声。

“南丁格尔！”她似乎听到了一种声音在呼唤自己，她仔细谛听、辨别，声音再次传来，这声音既像在遥远的天际，又似乎近在耳畔：“不要再犹豫，既然想为世人做一些事情，就不要在意别人的看法，勇敢些，献身于贫穷患病的人们吧！”

闻听此话，南丁格尔的内心顿时豁然开朗，脸上洋溢着明媚的气息，她在日记中写道：“上帝在召唤我去工作。”“而献身于贫穷患病的人们”，这又何尝不是南丁格尔心底的原动力呢！尽管前路艰辛，但想做的和应该做的结合在了一起，南丁格尔不也是格外幸运的吗？

年少的南丁格尔怀揣着美好善良的愿望一路走来，走过克里米亚战争，创建世界上第一所护士学校，首创近代公共卫生和地区家庭护理，确定职业自由、经济独立和精神独立的南丁格尔精神。“提灯女神”照亮了暗夜，“女神”的无私精神点燃了患者内心的光明，连她的身影都成为了患者亲吻的对象。

南丁格尔终身未嫁，把自己的一生都献给了护理事业，取得了举世瞩目的辉煌成就，其业绩泽被后世；其坚定的信念和坚忍不拔的人格魅力为后人所敬仰和赞颂。1912 年，国际护士会倡议各国医院和护士学校在每年 5 月 12 日南丁格尔诞辰日举行纪念活动，并将 5 月 12 日改为国际护士节，以缅怀和纪念这位伟大的女性。

南丁格尔的誓言：

余谨以至诚，于上帝及会众面前宣誓：

终身纯洁，忠贞职守，尽力提高护理之标准；勿为有损之事，勿取服或故用有害之药；慎守病人家务及秘密，竭诚协助医生之诊治，务谋病者之福利。

谨誓！

逐梦箴言

出身环境与未来职业的选择固然有着密切的联系，但要做一番伟大的事业，信仰才是第一位的。想做的和该做的一旦合二为一，这是最幸福的事业。

知识链接

克里米亚战争：1853—1856年俄国与英国、法国、土耳其、撒丁王国之间的战争。因主要战场在克里米亚而得名。19世纪中叶，俄国力图击败土耳其，控制黑海海峡，插足巴尔干半岛。英、法也企图控制土耳其，霸占中近东。1853年6月（俄历），俄出兵占领土属摩尔多瓦和瓦拉几亚，挑起战端。10月土对俄宣战。11月俄军击败土舰队，英、法乘机插足干涉。次年3月英、法对俄宣战（后撒丁参战）。战争的结果以俄国失败告终，俄国在中近东的扩张受到沉重打击。

希望是成功的起点

丝绸之路开启了东西方交流之路，为东西方的融合乃至世界的发展起到了不可估量的作用。对于这条走向文明之路的开辟，亚历山大大帝起到了重要作用。

亚历山大大帝是个心中怀有执着梦想的人，他的雄才大略都来自于他对梦想的追求，在追求梦想过程中，他能够全身心地投入，不惜青春和热血乃至万贯家财。

在出发远征波斯之际，他曾将自己所有的财产分给了臣下。

为了踏上征伐波斯的漫长征途，他必须购进大量的军用物资，而这些军用物资的购进必须花费大量的钱财。即使这样，他仍然把从珍爱的财宝到他领有的土地，几乎全部都分配给了臣下。

群臣之一的庇尔狄迎斯深以为怪，便问亚历山大大帝：

"陛下将所有财宝、领地都分给了他人，那您还剩下什么呢？"

对此，亚历山大胸有成竹地回答道：

"我只有一个财宝，那就是'希望'。"

听了亚历山大大帝的回答，庇尔狄迎斯非常震撼，他理解了大帝这些做法的内在动力，并为此深受感动。"那么请允许我也来分享它吧。"庇尔狄迎斯这样说道。随后，他谢绝了分配给他的财产，他也抱定了与大帝去一起追求"希望"的决心。

后来，臣下中的许多人也纷纷仿效他的做法，去和大帝追求"希望"，踏上了漫漫的征途,许多人的生命留在了遥远的地方,但梦想却如种子,生根发芽。

诚然,人生不能没有希望,人生的过程中不能失去希望。希望支撑着人生走向未来。即使是每一天,人都应该活在希望当中。

希望是一种动力,是一种巨大的养分,它滋养着人的勇气与毅力,即使是在艰难困苦之中,心怀希望,也能生出快乐与幸福。

逐梦箴言

希望如同灯盏,高举着希望之光,人生就有前进的方向,人才能踏上成功的旅途。

知识链接

丝绸之路:古代以中国为始发点,向亚洲中部、西部及非洲、欧洲等地运送丝绸等物的交通道之总称。19 世纪德国地理学家李希霍芬最初使用该术语时,只指称从草原地区,经今新疆而抵中亚的陆上通道;后来,所指范围逐步扩大,以至远达亚、欧、非三洲,并包括陆、海两方面的交通路线。在现代学术界,该词不仅用以指称联结整个古代世界的交通道,同时也成为古代东、西方之间经济、文化交流的代名词。通常认为,丝绸之路可以分成两类(陆上丝绸之路、海上丝绸之路);三大干线:草原之路、绿洲之路和海上丝路。

智慧心语

没有伟大的愿望，就没有伟大的天才。

——巴尔扎克

志当存高远。

——诸葛亮

志不强者智不达。

——墨 翟

天行健，君子以自强不息。

——《周易·乾·象》

坚志而勇为，谓之刚。刚，生人之德也。

——《练兵实纪·刚复害》

不为外撼，不以物移，而后可以任天下之大事。

——吕 坤《呻吟语·应务》

第三章

追求梦想志凌云

马克思

导读

在人类的历史上，曾有过无数个黑暗的日子，人们在黑暗的荆棘中艰难地跋涉。总有一些思想的引领者挺身而出，以他们对世界的洞悉，钻取思想之火，照亮前路。人类文明至今，无不仰赖这些思想领袖的真知灼见和高瞻远瞩。

他们是梦想的拓荒者，正因他们对梦想的追求，带来了人类无限广阔的生存空间和精神领地。

他们的光芒永远映照在历史的上空。

马克思与恩格斯

■ 梦想因灵魂而不朽

"仰之弥高，钻之弥坚，瞻之在前，忽焉在后。夫子循循然善诱人。博我以文，约我以礼，欲罢不能。既竭吾才，如有所立卓尔。虽欲从之，未由也已。"

这是两千多年前一位弟子对其老师的评价，这位弟子就是颜回，而他所敬仰的对象便是被世人尊为"万世师表，至圣先师"的孔子。

纵观古今中外的历史，没有一个伟人所走过的路是平凡的，正所谓"路漫漫其修远兮，吾将上下而求索"，孔子亦然。

两千多年前，鲁国，一个寒冷而漆黑的深夜。有一位妇人蹒跚踉跄于陡峭的山路，风高路远她不畏惧，天寒地冻她不退缩，乱石荆棘她不在意，她的心中有一个愿望，那就是到达山顶，向天跪拜——祈求上天给自己一个儿子。

可能是妇人的虔诚感动了上天，不久，她真的怀孕了，而孕育出的生命竟然真是一个儿子——孔丘。

孔丘的降生可谓来之不易。这位祈求上天的妇人就是孔丘的母亲，名叫征在，年龄在二十岁上下，是孔丘父亲孔纥的第三位妻子。那时，孔丘的父亲已近古稀之年，在此之前，孔家有九女一男，男孩身患脚疾，父母都渴望要一个健康的男孩，这在古代社会是理所当然的事情。可是，高龄的父亲再想要个孩子谈何容易。于是孔母便虔诚地祈求上苍。也真是苍天有眼，一位伟大的人物因此诞生，并以其伟大的人格和作为为当代建功，为后世流芳，为全世界敬仰。他所建立的文化体系成为中华文化的主脉之一，成为世界文化宝库的重要组成部分。

孔子诞生于公元前551年，名丘字仲尼，尊称孔子。

仲尼从生下来始，就得到了家人格外的关注，父母希望他平安健康地成长。可是仲尼3岁时，父亲病故，无所依凭的母亲就承担起了抚养他的全部责任，含辛茹苦，但坚定执着。为了让仲尼养成高贵的心性，母亲经常给他讲述祖上的荣光："你十几代以前的微子，是殷纣王的异母哥哥，他讨厌纣王的暴虐无道，便离开了纣王。后来，殷商灭亡，到了周成王之时，受封于宋国，成为了宋国的祖先。到了你祖父的时候，咱们移居到了鲁国。你的祖上出现过许多伟大的人物。"

听到母亲的讲述，仲尼将祖先的事迹铭记在心，小小年纪居然有了自豪感，进而生出了"决不玷污祖先"的朦胧的使命感。

孝顺是仲尼的优良品质，母亲体弱多病，仲尼则常常服侍在母亲左右，不辞辛劳。闲暇游戏时，仲尼常常摆设三宝，模仿着祭神的动作，心有所想。母亲看在眼里喜在心上，想到仲尼的品性，看到仲尼的所作所为，母亲认为仲尼一定会有出息。于是，母亲就经常问仲尼"长大了要做什么"这样的问题。虽然仲尼的回答还不是很明确，但他的内心却总在考虑着答案。

13岁时，依照习俗，仲尼开始上学，学习一些粗浅的诗书礼乐，而主要是学习敬神祭祀以及修身做人的道理。起初的学习，仲尼只是默默地听讲，从不发问；两年后，15岁时，学识的积累使仲尼茅塞顿开，常常是一个问题接着一个问题，而且，提问时追根究底，有些问题连老师和母亲都难以回答。"吾十有五而志于学"，这是仲尼回顾自己学习历程时做的总结。可见，15岁时，仲尼产生了强烈的求知欲望。孔子17岁时，母亲去世，他怀着沉痛的心情将母亲下葬并依礼为母亲守灵25个月，秉持孝子的操守。

在学习上，仲尼勤勉努力，学识大有所长。在学习的倾向上，仲尼尤尚古风。他对尧、舜、禹、文王、武王、周公等古时的政治和文化极为推崇，认为那时的帝王都是仁慈而贤明的，百姓也是安居乐业。而面对现实，仲尼常常喟叹古风已远。

的确，仲尼生长的年代已是春秋末期，当此之时，各诸侯国相互倾轧，战争纷起，百姓横遭涂炭。怀着对古代修明政治及安定生活的崇敬之情，仲尼悉心钻研起了古时流传下来的《诗》《书》《礼》《乐》等典籍，而对这些典籍的整理者周公，仲尼更是仰慕之至，甚至还祈望有朝一日自己也能成为像周公那样的人。由于周公的事迹总是萦绕于怀，仲尼在睡觉时常常梦见周公，有时在梦里与周公对话惊醒了自己，而后就陷入深深的思索之中久久不能入睡。

19岁时，奉母亲之命，仲尼结了婚。而后，在鲁国的官府里做了个看管粮库的小职员。经过不断的学习钻研，此时的仲尼，学问已经非常渊博了，在当时能与仲尼比肩的人很少，他的名气也越来越大，就连当时的鲁国国君昭公都有所耳闻。于是，开始有人跟随仲尼学习，成为弟子，渐渐地，弟子越来越多。昔日的仲尼已成为学生心目中的学识渊博的老师——孔子。后来，孔子干脆辞去了官职专心自己的教书活动，同时也时刻不忘进一步充实自己。

成年后的孔子高大俊朗，能操琴放歌。

洛阳是周朝的古都，是孔子向往的地方，他希望在那里能看到先王的遗制，领略先王礼乐的遗风。一个偶然的机会，孔子达成了夙愿，来到了洛阳。伫立在古城的街头，周朝昔日的繁华在孔子的脑海闪现，面对现实，孔子的政治理想异常强烈地涌现出来。

洛阳一行，是孔子迈向人生理想的重要一程。尽管先王不在，天下已非昨日胜景，但先王的遗制还是给孔子以极大的感染，加之自己脑海中闪现的先朝景况，孔子更抱定了入世思想，而不愿以遁世求得独善其身。以修身治国为己任，以教化弟子为职责的人生目标得以确定。此一行，虔诚探访古都的孔子还博得了饱学之士苌弘的极高评价：“我看仲尼这个人，有圣人的仪表，有皇帝的容貌；腕肱修长而背部像龟，又那么高大。听他说话，态度谦让，记忆力强，博物不穷。由他这个人，我们好像看到圣人兴旺的征象。”

孔子正是依照古代圣人的礼法来约束自己，教导弟子的。无论是重大场合还是日常的学习、生活，孔子都能言传身教，给弟子以启迪。

在一次祭奠仪式回来后，子路问礼于老师，孔子在给出解答后，针对学习，说出了如下话语："学而不思则罔，思而不学则殆。""知之为知之，不知为不知，是知也。"

由于鲁国内乱，孔子与弟子无法正常生活、学习，他们不得不离开自己的国家，前往齐国。

在齐国，孔子对齐景公表述了"君君臣臣父父子子"各司其职等"以礼治国"的政治见解，得到了齐景公的认同，但在任用孔子的问题上，齐景公遭到了来自大臣们的阻力，只好作罢。见无法施展自己的抱负，孔子便带着弟子又回到了鲁国。

随着鲁国国情的变化，孔子迎来了从政的机会，50岁时，孔子被任命为中都宰，继而又升为司空、大司寇。在任的三年里，孔子积极推进政治改革，实施礼制政治，结果政绩显著，社会风气焕然一新。鲁国的繁荣让邻国齐国担心起来，于是，齐国便设计削弱鲁国，他们给鲁国送来了80个美貌舞女和30乘华丽马车，很快，鲁国君臣便沉迷在了享乐之中。

孔子见鲁国国君不知警醒，只好带着弟子失望地离开了鲁国，从此开始了13年四处游历的生活。

在这13年中，孔子去过许多国家，也曾多次想要施展自己的政治抱负，以求得施行自己的仁道思想，但他所面对的往往是目光短浅、胸无大志的君王，孔子的远大抱负无法为他们容纳。"君子穷且益坚"，在这个过程中，孔子及其弟子屡遭困厄之苦，但孔子始终表现出一种君子风度，不失礼法准绳。

历经13年的漂泊生活，孔子带着弟子终又回到了鲁国。此时孔子年事已高，回首往事，感慨良多，但心中的远大理想并没有因世事的变迁而有所改变，他审时度势，把自己的主要精力用在了培育人才、整理典籍方面。

"仁"是孔子一切思想的核心，他的理想也都是围绕"仁"字展开的。在寻求梦想的过程中，孔子历经坎坷，但终不改其志。

纵观孔子的一生，弟子三千，贤能者七十二，蔚为大观；删诗书，定礼乐，赞周易，修春秋，泽被后世，被后世尊为圣人。

逐梦箴言

三军可夺帅也，匹夫不可夺志也。孔子之所以成为“万世师表”，在于他对世事的精准洞悉和博大精深。成就这一切的则是他高远而不移的志向。

知识链接

周公：西周初期重要政治人物。姬姓，名旦，文王之子，武王之弟。因采邑在周（今陕西岐山北），故称“周公”。曾助武王灭商。武王死，成王年幼，由其摄政。管叔、蔡叔、霍叔等不服，联合武庚和东方夷族反叛。他出师东征，平定反叛，大规模分封诸侯，并营建洛邑为东都。制礼作乐，建立典章制度，主张“明德慎罚”。

商纣王：商朝末代国君。公元前1075—前1046年在位。曾征服东夷，损耗国力甚巨。又杀九侯、鄂侯、比干、梅伯等，囚周文王、箕子，好酒淫乐，暴敛酷刑，统治失控。后周武王联合西南各族伐纣，在牧野打败商军。他兵败自焚而死，商亡。

自由精神国度的王者

3岁就会背诗的孩子并不少见，但一般孩子背诗只是一种形式，只是字与词的形式和韵律通过声音的表达，又有几人能将诗歌的内容和深义印入脑海，形成一生的印记呢？伏尔泰就做到了。3岁时，伏尔泰的教父夏托纳夫神甫教给他一首长诗，名字叫《莫西亚特》，这是一首攻击宗教的诗。

几天之后，他就能完整地背诵下来，这自然引来了人们的许多赞许。但让人想不到的是，就是这首诗，影响了伏尔泰的一生，这首诗所表达的思想是对宗教的怀疑，通过这首诗的背诵，一颗怀疑论的种子便种在了伏尔泰幼小的心灵之中，对他的个性成长起到了基础性的作用，这从伏尔泰整个一生的思想发展及奋斗中都能体现出来。

1694年11月21日，伏尔泰出生在法国巴黎这个令人向往的著名城市。父亲名叫弗朗梭阿·阿鲁埃，是巴黎夏德莱区法院的公证人，属于富裕的中产阶级的一员。出生时，伏尔泰虚弱的体质超乎寻常。这让一家人很是担忧，因为这个家庭的五个孩子中，有两个已经夭折了。依照礼俗，该给这个刚刚出生的婴儿送到教堂洗礼，但是，这个孩子太虚弱了。于是，一位名叫夏托纳夫的神甫被请过来为孩子洗礼，也就成了孩子的教父。孩子取名为弗朗梭阿·马利·阿鲁埃，大家都叫他小阿鲁埃。

在教父夏托纳夫的培养下，小阿鲁埃学习进步很快，有很强的求知欲。教父明显地感到，这是个天资聪颖的孩子，他的成长不能受到束缚。

于是，他有意培养小阿鲁埃消除一切盲目崇拜，蔑视任何一种权威的性格，以求得自由自在的学习和生活。渐渐地，小阿鲁埃的言语中居然会出现哲理的味道。教父让他把自己的话写在本子上，以便养成一个良好的习惯。

看戏是小阿鲁埃的一大兴趣，他常常把看来的戏给大家表演，引来众人一片掌声。

10岁时，父亲将小阿鲁埃送到了一所寄宿的贵族教会学校。

学校开设了很多科目，这让小阿鲁埃目不暇接，非常兴奋，也很投入，学得出类拔萃，在掌握了学业之后，他还会寻找课外的书籍佐证所学的知识，头脑越来越丰富。

虽然小阿鲁埃不是贵族出身，但以他的天分，很快就融入到了学生之中，并且常常是语出惊人，见解独到，令教师赞赏，同学钦佩。很快，他的文学天赋便展露出来。学校经常排演戏剧，还请家长到校观看。当看到儿子惟妙惟肖的演出时，老阿鲁埃为儿子的才能感到非常欣慰。

小阿鲁埃对父亲表达了心声："将来我一定会自己写戏的。"此话绝非戏言，12岁时，小阿鲁埃真的拿出了亲手写成的一出悲剧《阿穆利乌斯和努弥托耳》，瞬间，他的名字就在全校传开，剧本也在学校广为传看。剧本中所蕴含的丰富想象力和创造性的文学才能令人赞叹。小阿鲁埃的导师是这样评价的："他的智力非常训练有素，他的文体非常优美，他的思维方式大胆、富有想象力……"

目睹小阿鲁埃的才华，教父夏托纳夫大受感动，还把小阿鲁埃引荐给了八十多岁的尼侬·德·郎格罗夫人——她曾听过小阿鲁埃3岁时背诵的诗歌。听着眼前这个成长起来的孩子朗诵自己创作的诗作，回想起当年听他背诗的情景，尼侬·德·郎格罗夫人激动非常，感叹自己如此高龄还能亲见一个文学天才的诞生；于是决定，在自己的遗嘱里一定要加进小阿鲁埃的名字。

事实也是这样，尼侬·德·郎格罗夫人在自己的遗嘱里留给了小阿鲁埃1000法郎的遗产，以资助他购书学习。在当时的巴黎，尼侬·德·郎格罗夫人是名望很高的才女，受到才女如此的青睐，自然，小阿鲁埃在巴黎也就有了名气，而此时，他还仅仅是个孩子。

小阿鲁埃有个大他 10 岁的哥哥，是个狂热的宗教迷，看到哥哥的逆来顺受、拘谨沉迷的状态，小阿鲁埃很是不以为然，总希望他能快乐起来；虽然兄弟感情很好，但在对待宗教的态度上，小阿鲁埃却决不让步，经常以讽刺诗的方式企求唤醒哥哥的意识。他曾这样表达自己的观点："我讨厌宗教，厌恶那束缚人的宗教思想和各种仪式，它们并不能真正地给我什么……"

哲学家皮埃尔·贝尔是法国启蒙运动的先驱，他的著述深得小阿鲁埃的钟爱，尤其是贝尔主张"把哲学从中世纪的神学桎梏中解放出来，归还给人类"的呼声更是令他钦佩与敬仰，视其为伟大的思想者。他经常向同学们传播自己所喜欢的贝尔的名言——"我在真理面前服务，这是我唯一的女皇，我发誓只忠于真理，我是真理的骑士，我起誓在一切事物面前，保卫真理，而反对一切。"每当小阿鲁埃诵出这些诗句时，总是那样的激越，俨然自己就是"真理的骑士"。

此时，小阿鲁埃 13 岁；此时，他的学识、他的思想已经超越了同龄；此时，他在追赶先哲的脚印。

贝尔的思想和行动力在小阿鲁埃的成长中起到了重要的作用，在他渴望自由的个性中增加了极大的能量，桀骜不驯、敢作敢为的挑战精神得以进一步养成，成为他思想走向的一根稳定的基柱。这使他能够更清晰地辨别现实，寻求改变之路。

在小阿鲁埃与同学们的争论中，欧洲的一些重大事情，有关哲学、自然、社会、宗教等方面的问题已经是经常性的话题。经过不断的争论，小阿鲁埃的思想意识更加清晰，进而，贝尔的观点经小阿鲁埃的论证，在现实中还得到了发展。

对于耶稣会学校教育现状的缺陷以及自己的不满，小阿鲁埃表达了自己的认识，在这样的教育制度下，"到现在，我不知道我出生地的情况。我既不知道我的祖国的制度，也不了解祖国的利益……"

中世纪的神学课是小阿鲁埃最为反感的，他认为那些内容尽是些迷惑人心的东西，他的言行触怒了授课的神甫，使其恼羞成怒，断言：“坏家伙！你总有一天要在法国变成自然神教的宣传者！”这是种威胁的言辞，可在小阿鲁埃看来，他说得很正确，真希望这一天早早到来呢。不知这位中世纪神学的授课者是否看到，他的这位课上学生不但成为了自然神教的宣传者，更成为了那个时代乃至整个人类思想解放的号角，成为了欧洲启蒙运动的导师和领袖。

在当时的巴黎，有一个组织，被称为伊壁鸠鲁学派，也叫圣殿集团。圣殿集团常常聚集一些文学家、艺术家等自由主义者，他们在一起朗诵作品，评论时政。经朋友介绍，小阿鲁埃加入到了圣殿集团，并在这里开阔了眼界，也以自己的文才令人瞩目。在圣殿集团浓烈的自由主义者氛围的感染下，小阿鲁埃的自由主义的反抗意识更加坚定了。

中学毕业前夕，法兰西文学院组织了一次大型的中学生诗歌竞赛，在众多的选手中，小阿鲁埃摘得桂冠，接受了由最著名的诗人让·巴第斯特·卢梭颁发的奖品。小阿鲁埃的诗才再一次得到印证，受到了广泛的赞誉。这让小阿鲁埃对毕业后自己所应该从事的行业有了更为明确的目标，他立志要做文人。

然而，真正毕业后，他并没能如愿。父亲对他要从事文学的想法大加指责，称那是“对社会无用，耗尽父母钱财，想要饿死的人的职业”。并告诉他，继续深造只有两条路，一是攻读神学，做教士，走教会的道路；二是攻读法律，当法官，走政界的道路。神学？那是小阿鲁埃着意对抗的行业，自己是绝对不会干的。法律，也是枯燥无味。在他的心中，只有文学，他要做诗人。

最终在父亲的逼迫之下，小阿鲁埃无奈地去了法科学校。在那里，他只是名义上的学生，而他每日里所做的不是写作就是读一些文学、哲学、历史方面的书籍，此外，他还经常参加圣殿集团的活动，在那里展示他的文学才华，从事一些宣传自由主义的活动。

无奈之下的老阿鲁埃只好把儿子从法科学校领了回来，从此，小阿鲁埃走向了社会。

这段时间里，小阿鲁埃既作讽刺诗又写剧本，还参加社会活动，思想也走向成熟。

“除开文人以外，什么职业我都不要；我不要买来的荣誉，我会不费一文地挣得荣誉。”这是小阿鲁埃对自己要做什么的心声。他将沿着自己的道路走下去，而文学则是他未来所有作为的根基。1715年9月1日，法王路易十四逝世，路易十五即位，由菲利普二世摄政。此时的法国历经连年征战，已是危机重重，民不聊生。对于自由的感叹加之对摄政王荒淫无度的愤慨，使阿鲁埃提笔作诗，讽刺的矛头直指摄政王，于是，他被流放了。

五个月后，阿鲁埃从流放地回到了巴黎，但他并没有停止对时政的讽刺与抨击，其中的一首讽刺诗《在黄毛小孩的统治下》揭露了宫廷的奢侈淫靡，再一次惹恼了摄政王，将他送进了著名的巴士底狱关了起来。

而就在巴士底狱这个失去自由的地方，阿鲁埃却用自己超凡的意识和灵动的文笔，让文学结出两颗伟大的果实——第一部史诗《亨利亚特》、悲剧《哀狄普斯》。出狱后的阿鲁埃全身心地投入到了《哀狄普斯》的出版和排演之中。《哀狄普斯》是用“伏尔泰”这个名字发表的，于是，“伏尔泰”这个名字从此在这个世界上诞生，并被世人铭记。

对于《哀狄普斯》的创作，伏尔泰充满自信：“这个剧本一定能成功，因为它是一部寓意深刻的剧作。”事实的确如此。“狄普斯并不是个新的题材，因袭以往则没有价值，伏尔泰以自己对世界的认识赋予了“狄普斯”全新的生命，使剧作极具时代特色，它藐视一切天上之神、地下之神以及贵族的世袭制度，传达出了一种唯物主义的哲学思想：“我们只要信赖自己，用我们的眼睛打量一切。这才是我们的祭杯，我们的启示，我们的上帝。”

人们皆惊叹于这个年仅24岁的年轻人的惊世之才。英国政治家、自然神论者博林布罗克勋爵借《熙德》中主人公的一句话送给伏尔泰：“他的功绩不必等到岁月的流逝，他的第一次尝试就证明是大师之举。”

卢梭这样评价：“伏尔泰总有一天会成为我们世纪的荣耀。”

《哀狄普斯》的公演轰动了整个巴黎。

而史诗《亨利亚特》则以宏伟的规模、重大的题材震撼了法国诗坛，进而影响到了欧洲各国，伏尔泰则成为了声名远播的史诗诗人。

伏尔泰怀揣着梦想，踩在文学铺就的路上一路走来。未来的路还很遥远，他还要继续走下去，人们还需要他的哲思、他的华彩、他的批判精神。

至此，伏尔泰为理想之路打开了一道门，而前路不管发生什么，我们终将能够看到一个思想启蒙运动的导师和领袖屹立于污浊的精神空间里，吹动着撕破乌云的号角。而在那个自由精神的国度里，王冠将佩戴在他的头上。

逐梦箴言

一个人性格的形成对未来的发展至关重要，伏尔泰从小培育出了自由开放的性格，敢于向一切虚妄的东西发出挑战，这种性格也支撑住了他的人格，使他在成长过程中能够面对种种局面而秉持信念，终成大业。

知识链接

启蒙运动：指 18 世纪法国资产阶级革命以前，法国资产阶级进步思想家如伏尔泰、卢梭、狄德罗等人所进行的文化教育运动。其特点是对当时的教会权威和封建制度采取怀疑或反对的态度，把理性推崇为思想和行动的基础、准则。在哲学上，大致同意弗兰西斯·培根和洛克的经验论学说，倾向于自然神论或无神论。政治上，主张开明专制制度或民主政体。

知识链接

法兰西研究院：亦称“法兰西学院”。法国最高学术研究机构。原是17和18世纪的几个皇家学院。法国大革命时期中断，1795年再行筹设，次年正式成立。现有五个学院：法兰西语文学院、法兰西金石学和文学院、法兰西科学院、法兰西伦理学和政治学学院、法兰西艺术学院。

伏尔泰

■ 哲思与天齐

如果一个人只为自己劳动，他也许能够成为著名学者、大哲人、卓越诗人，然而他永远不能成为完美无疵的伟大人物。历史承认那些为共同目标劳动因而自己变得高尚的人是伟大人物；经验赞美那些为大多数人带来幸福的人是最幸福的人；宗教本身也教诲我们，人人敬仰的理想人物，就曾为人类牺牲了自己——有谁敢否定这类教诲呢？

如果我们选择了最能为人类福利而劳动的职业，那么，重担就不能把我们压倒，因为这是为大家而献身；那时我们所感到的就不是可怜的、有限的、自私的乐趣，我们的幸福将属于千百万人，我们的事业将默默地、但是永恒发挥作用地存在下去，而面对我们的骨灰，高尚的人们将洒下热泪。

这是 1835 年的一篇中学生在选择职业时的毕业论文的节选，作者是一位只有 17 岁的中学生。而就是这位青年学生，最终成长为了一位伟人，他的灵魂长久以来一直在欧洲回荡，也在全世界回荡，他就是世界无产阶级的伟大导师马克思。

1818 年，德国南部莱茵省的一座美丽的小镇特里尔，一个男婴在这里降生，他就是马克思，这篇学生论文的作者。

马克思的父母都是正宗的犹太人，父亲亨利希・马克思为人善良宽厚，勤奋好学，学识广博，尤其是对古典文学有着浓厚的兴趣；他还是特里尔城的知名律师，有很高的社会声望。马克思的母亲是一位慈祥善良的普通家庭妇女。马克思一家曾养育过九个孩子，由于种种原因，只剩下了四个孩子，马克思是唯一的男孩。家人的最大希望就落在了马克思这个男孩身上。父亲希望他这个儿子能够好好学习，好好做人，并身体力行，言传身教，对马克思的成长起到了第一位老师的职责。

马克思没有辜负父母的厚望，从小就天分极高，具有超强的悟性。

童年的马克思就是伙伴中的领袖，他有很强的组织能力，总能以自己的独特之处吸引身边的伙伴，获得很高的威信；而他最突出的地方就是给伙伴们讲各种各样的故事。童年的马克思首先靠着父亲的学识，掌握了很多历史的、文学的知识，很多经典故事都能被他牢牢记住，而且在故事里，马克思还能注入自己的观点和情绪，让讲出来的故事有声有色，深深地感染了身边的伙伴，引起了伙伴们的共鸣。

马克思从小就具备了很强的概括能力，所讲的故事往往能够抓住核心，把握住脉络。

下面就是马克思给伙伴们讲故事的一幕：“很久很久以前，人世间没有火，在夜晚也就没有光明和温暖，人们生活在阴冷而黑暗之中。没有火，人们也无法吃到熟的食物。唉，这是多么难过的日子——”讲了一段之后，马克思收缩着身体，做出难挨的表情，引来伙伴们的关切，纷纷询问下面的事情。

“后来，一个叫普罗米修斯的神来到人间，看到了这种情况，他非常同情人类的处境，便向天神之王宙斯诉说了情况，想把火种送到人间，但宙斯拒绝了他的想法，于是，普罗米修斯就从天上盗出火种送给了人类……”

伙伴们都露出了急迫的神情。

马克思接着说道：“普罗米修斯的善举触犯了天条，被抓了起来，用铁链绑在高加索的山峰上受苦——”马克思做出一种被绑助受苦的样子，“狂风暴雨吹打着普罗米修斯，烈日灼烤着普罗米修斯，甚至老鹰也来啄食他……再后来，一位天神很同情他，准备为他求情，要他向宙斯认个错。可是，普罗米修斯却坚决地回绝道：‘我没有错，也就绝不会认错，我绝不会屈服的！’”马克思激扬地举起了拳头，好像自己就是普罗米修斯……

可见，普罗米修斯的反抗精神在马克思幼小的心灵中深深地埋下了种子,在后来的时日里,强烈地凸显出来,他的很多论文都引用了《被缚的普罗米修斯》,并称赞普罗米修斯是"哲学的日历中最高的圣者和殉道者"。

对故事的理解和把握锻炼了马克思的思维能力,为后来的思辨能力奠定了必要的基础。

马克思非常善于汲取养分。马克思的家有个邻居,是特里尔的名门望族,男主人是路德维希·威斯特华伦男爵,男爵本人担任过特里尔城的枢密顾问。男爵受过良好的高等教育,对人又和蔼平易,是一位具有自由主义思想倾向的开明人士。志趣的相投使威斯特华伦一家与马克思一家成了要好的朋友。

这种家庭的友谊对少年的马克思起到了至关重要的影响,也对马克思的一生起到了不可替代的影响。在威斯特华伦先生那里,少年马克思学到了大量的古典文学的知识,而且,威斯特华伦的思维观念也深深地影响着马克思。马克思如饥似渴地围绕在威斯特华伦的左右,吸取养分,就连慷慨的男爵家所有适合他读的书都被他读光了。

留给马克思记忆深处的就是威斯特华伦背诵《伊利亚特》和《奥德赛》时的神情。在威斯特华伦抑扬顿挫的声音下,古希腊的绚烂画面闪现在了少年马克思的眼前,而那些英俊勇敢的盖世英雄的壮举则令马克思的内心受到强烈震撼,激起满怀的豪情,这些英雄则成了他仰慕的对象。

而威斯特华伦不愧为良师益友,他洞察到了马克思的内心世界和志趣所在,他看到,英雄主义的精神已经注入了这个孩子的心田,它必将结出丰硕的果实。

事实真让威斯特华伦言中了,只是,未来的马克思所完成的——在当时任何一个人都无法想象的——是全人类开天辟地的伟业。

快到12岁的时候,父亲将马克思送到了学校,去过集体的学习生活,马克思欣然接受。在学校,马克思又满怀激情地开始了另一种求知的过程。在学校期间,知识的拓展让马克思视野大开,深感知识的海洋广阔无边,他开始遍览群书,而找书、读书的不便让他很费周折。到哪里去找更多的书去读呢?马克思幻想着能有一个巨大的图书馆一下子就出现在面前,让自己无拘无束地尽情读书,在那里,没人打扰,更没有人驱赶……

终于,马克思发现了一个名叫“绿舟”的书店,这里接纳了这个爱读书的年轻人,于是,他终于可以完成自己的心愿了。在这里,马克思不断地充实自己,在知识的海洋里不倦地求索。

马克思的年龄在增长,社会阅历在增多,社会生活中的种种不平的现实让马克思深深忧虑,他试图寻求答案,但书本上的知识并不能带给他满意的答案。他曾经向威斯特华伦先生请教过关于贫富差距的问题,“为什么人们的生活会有这样大的差别?富人兜里的钱花也花不了,过着穷奢极欲的生活,而穷人因无钱而忍饥挨饿。为什么政府不为穷人们着想,去救济他们,反而还为富人剥削穷人制定法律保护?”

可是,尽管威斯特华伦是个开明的人士,也指出了一些现象,提出了一些观点,但是,这个千百年来的社会问题,除了未来的马克思以外,在当时又有谁能回答得了并且给出解决方案呢?

1835 年秋,17 岁的马克思即将迎来中学毕业。此时的马克思已经为未来进行了思考,这种思考已经具有独立创新的思维,理想的火花已经闪现。我们在他的毕业论文中就可以看出这个 17 岁的青年学生将会怎样面对人生,怎样面对社会,怎样面对世界。

“如果我们选择了最能为人类福利而劳动的职业……我们的幸福将属于千百万人……”这是何等广阔的胸怀!

怀着这种理想,在中学以及后来的大学期间,马克思曾系统地研读了圣西门、黑格尔等思想家的论著,并积极参加各种进步学派的学术争论,思想体系逐渐成熟。

值得一提的是马克思与燕妮的爱情,这是为世人大加赞许的一段佳话。这种爱情让马克思的心灵始终处于激越的状态之中,无论对马克思的生活还是事业都起到了极大的推动作用。

威斯特华伦·燕妮是威斯特华伦先生的女儿,与马克思青梅竹马的朋友,又是特里尔中学的同学。有了马克思一家与威斯特华伦一家的友情,加上长期的交往,马克思与燕妮在志趣相投的基础上,二人的友谊渐渐发展成了爱情。爱情中的马克思总是向燕妮吐露自己的心声，而燕妮既悉心倾听，又充分理解与信任，使马克思在感到幸福的同时，信心和勇气倍增。

一个贵族之家与普通市民的联姻使马克思与燕妮的爱情之路遭到了来自很多方面的阻隔，他们承受着巨大的压力。

而威斯特华伦先生与马克思的父亲都深明大义，支持二人的选择。马克思的才华与品格早就给威斯特华伦先生留下了深刻的印象。对于马克思的爱情，马克思的父亲语重心长地嘱咐道："亲爱的卡尔，你是幸福的，像你这样年纪的年轻人能得到这样的幸福是少有的。友谊与爱情是生活中最美好的明珠。你能否对女友信守不渝，永远做一个无愧于她的人，这将是对你的性格、才智与心肠，尤其是对你的道德的最好考验。"

马克思与燕妮的爱情考验了彼此，考验了道德良心，再次为"永恒"二字做了美丽的注脚。

在给燕妮的诗中，马克思这样写道：

燕妮！笑吧！你一定会觉得惊奇：
为何我的诗篇只有一个标题，
全部叫做《致燕妮》！
须知世上唯独你
才是我灵感的源泉，
希望之光，慰藉之神。
这光辉照彻了我的心灵，
透过名字就看见你本人。

爱情滋润了马克思的心田，使他的心灵更丰富，更有激情；在向理性前进的路上，而面对挑战时意志更加坚强。

他是这样用诗来描绘自己的：

我不能安安静静地生活，
假如整个心灵都热气腾腾；
我不能昏昏沉沉地生活，

既没有风暴也没有斗争。

好吧，就让我们踏上
艰苦而漫长的路程，
不去过枯燥乏味的生活，
不要饱食终日一无所成。

我们不能得过且过，虚度时光，
俯首听命于那可耻的懒散，
一个人有充分的权利，
去表现他的果敢与渴望。

诗歌的创作锻炼了马克思的形象思维能力和语言表达能力，这为他未来的理论著述打下来了坚实的基础。

就是带着一种激情与渴望，马克思走向了一条为全人类福利而劳动的职业，饱经磨难，矢志不渝，创立了人类有史以来最全面、最科学的哲学、经济学、社会主义学说，成为近代最复杂和精深的学说之一，他也成为了全世界无产者的伟大领袖和导师。他的思想传遍了世界，推动了近、现代世界历史的发展。

恩格斯评价道：如果没有马克思，人类可能至今还在黑暗中摸索。

逐梦箴言

双脚踏着坚实的土地，而思想却越过万山之巅，一个伟大的灵魂总有一个广阔的胸怀，伟大的灵魂成就伟大的梦想。

知识链接

圣西门（1760—1825）：法国空想社会主义者。贵族出身，参加过美国独立战争，同情法国大革命。1797 年转向自然科学研究。1802 年起专事著述，宣传社会主义。认为历史是一个统一的、进步的、有规律的发展过程；资本主义社会由于无政府状态和专横霸道，成为充满罪恶和灾难的“是非颠倒的世界”。不主张消灭私有制，主张由知识分子和企业家来领导社会改造运动，通过宣传、教育等建立理想化社会。主要著作有《一个日内瓦居民给当代人的信》《人类科学概论》《论实业制度》《新基督教》等。

伊壁鸠鲁（前 341—前 270）：古希腊哲学家。前 307 年在雅典一座花园里建立学校，史称“伊壁鸠鲁花园”，相传学生中有妇女和奴隶，这在古希腊是一个创举。将哲学分为三部分：物理学，研究自然及其规律；准则学及逻辑学，说明认识自然的方法；伦理学，论述幸福的学说。认为原子不仅在大小、形状上，而且在质量上也有差异；不仅有直线运动，而且还有偶然的、自发的偏斜运动，从而克服了德谟克里特的影像说，特别强调感觉的作用。在伦理学上，是快乐论的最早提出者之一。在社会政治观点方面，最早提出了原始的、朴素的社会契约说。

智慧心语

三军可夺帅也,匹夫不可夺志也。

——孔子

人只有为自己同时代的人完善,为他们的幸福而工作,他才能达到自身的完善。

——马克思

感性无知性则盲,知性无感性则空。

——康德

脚步不能达到的地方,眼光可以到达;眼光不能到达的地方,精神可以飞到。

——雨果

伟大的事业需要始终不渝的精神。

——伏尔泰

这里是我的心脏,但到处是我的精神。

——伏尔泰

第四章

磨砺梦想志刚毅

鲁迅

导读

在践行梦想的过程中，从来就没有一蹴而就的事情，更多的则是艰难的磨砺。

“宝剑锋从磨砺出”，只有以执着的信念和刚毅的个性对待所面临的境遇，才能战胜艰难困苦，走向成功之路；从而也更显出梦想的可贵价值。没有历尽万难，哪得世间奇迹。

■ 奇迹在梦想之中

拿破仑的名字为天下人共知，那座著名的埃菲尔铁塔至今还记录着拿破仑的赫赫功绩。

从一个偏远地区的普通少年走向威震八方的一代英豪，拿破仑的成功世所罕见，令人惊叹。时势造英雄，历史选择了拿破仑；个性决定命运，独立果敢造就了拿破仑的一生。

1779年5月，法国布里安陆军幼年学校来了一名年仅10岁的新生，他的名字叫拿破仑。

从这一刻起，围绕在这个孩子周围的事端就频频发生。原因很简单，这是一所法国学校，而拿破仑并非真正的法国人；这是一所贵族学校，而拿破仑被视为乡巴佬。在学生堆里，被歧视、受侮辱是常有的事；遭算计、挨惩罚时有发生。面对种种不平，拿破仑都咬紧牙关绝不气馁，因为——他是科西嘉人。

1769年8月15日，拿破仑出生于地中海东部的科西嘉岛阿雅克肖城。就在拿破仑出生之前不久，科西嘉还历经战火。那时的科西嘉，处在法国和意大利之间，时而被意大利占领，时而又遭法国侵略，在为争取独立而与强敌的反抗斗争中，科西嘉人显示出了刚烈的民族个性。

拿破仑的父母都是反抗侵略的英勇战士。拿破仑还在娘胎的时候，就跟着母亲参加过反侵略的战斗。当时，他的母亲驰骋在马上，冒着枪林弹雨，渡过急流险滩，表现出的英勇无畏令人感动与敬佩。值得庆幸的是，还未出生的拿破仑跟随母亲受到了战斗的洗礼，且在母亲的呵护下来到了这个世界，这本身就是个奇迹！

科西嘉前驱狼后进虎，赶走了意大利人，却被更为强大的法国占领。拿破仑出生时，科西嘉处于历史上最为黯淡的时期，科西嘉成了法国的领地。

在拿破仑身上具有科西嘉人固有的不屈不挠和刚烈的个性特征，从他懂事起，还能感受战火中尚未散尽的硝烟，那时，他就立志为自己的科西嘉去奋斗。尽管少年拿破仑已经无法改变科西嘉归属法国的既成命运了，但在拿破仑心中，那梦想的火种并没有泯灭。

在布里安陆军幼年学校的 5 年生涯里，尽管拿破仑遭受了种种不平，但这个小小的科西嘉少年还是凭着自己倔强不屈的刚烈个性和心中的梦想，勇敢地战胜了困境，也战胜了自己，出色地完成了学业，在自己的人生道路上迈出了关键的一步。

毕业后，拿破仑进入巴黎军官学校继续深造，并选择了在陆上战斗中风头最为强劲的炮兵科学习。在这里，拿破仑的表现与那些公子哥的同学们完全不同，巴黎那繁华奢靡的大都市风尚并不能侵染他的坚韧之心，他的心绪远在故乡科西嘉，在那些被奴役同胞的身上，他潜心学习，不断思索。可以说，在这所培养未来的军人的学校里，只有拿破仑更像个军人。仅仅过了一年，拿破仑就以优异的成绩提前毕业，并被任命为拉·菲尔军团的炮兵少尉，这时，拿破仑 16 岁。拿破仑终于成为了一名军人，未来将要等待这个军人去创造。

在拉·菲尔军团的训练中，拿破仑以刻苦钻研的精神，博览群书，学习了很多相关的知识；还以精密而敏锐的思维、果决的判断和扎实的操练赢得了上司的赏识。在短短三个月的时间里，他就完成了炮兵教育课程，掌握了有关炮兵技术的一切内容，进而被晋升为炮兵中尉。

从拿破仑目光中露出的坚毅神情中，人们不难看出这个热血青年的远大抱负和坚定信念。拿破仑不成功，还能有谁会成功呢？

1789 年 7 月 14 日，法国大革命爆发了。这给法国人民带来了空前的机会，更给拿破仑这个年轻人一个展示雄心壮志的机会，他早已做好了一切准备，蓄势待发。

法国大革命爆发不久，拿破仑往返于故乡科西嘉和法国本土，投入到革命军的活动之中。一个机会让拿破仑初显威风，这就是吐伦港战役。

法王路易十六被处死之后，国内外情绪异常激化，新旧势力角逐激烈，欧洲诸国的国王也联合起来反对法国革命政府。受到英国和西班牙的军队支持的叛军大都聚集在吐伦港，与革命政府对峙，形势对革命政府十分不利。

在危急关头，仅仅是炮兵上尉的拿破仑自告奋勇，担当起了攻打吐伦港这座异常坚实的堡垒的炮兵指挥官一职。在战斗中，拿破仑仔细研究战斗形势，充分显示了指挥才能，并且身先士卒，浴血奋战，终于攻下吐伦堡垒，还击败并赶走了盘踞在此的英国和西班牙的军队，取得了决定性胜利。

由于在吐伦战役的卓越表现，拿破仑被擢升为炮兵旅长。吐伦战役的胜利挽救了革命政府，英雄的拿破仑这个名字立刻传遍巴黎。不久，拿破仑还被授予陆军少将军衔，并被任命为意大利军团的炮兵指挥官。

随着形势的发展，革命政府内也出现了新的派别之争，拿破仑受到牵连，竟被投入监狱。拿破仑在狱中上书政府为自己的清白辩解，终于获释，但军衔陡降。对于不公的降职，拿破仑断然拒绝，进而被抹去现职军人的名单，也失去了陆军少将的军衔。拿破仑再次陷入穷困的境地。

然而，拿破仑的英勇行为还是给人留下了深刻的印记。在后来的形势变化中，在政府面临危局的情况下，拿破仑重新被起用，在镇压反政府的政变中果敢行事，力挽狂澜，取得了决定性胜利。由此，拿破仑被晋升为陆军中将，并任国内军总司令。

至此，拿破仑声威大震，国民公众对拿破仑表示出敬意，并认为，是由于他的卓越才华拯救了共和国，还把他看成了一位具有高超指挥才能、果敢坚毅的将军。

对于这个怀着梦想从科西嘉走出来的年轻人来说，无疑，这是新的里程碑，它开启了拿破仑时代。

接下来的时日里，拿破仑与一名女性的交往进入了人们的视线。巴黎有一个寡妇，名叫约瑟芬，她的丈夫因犯有“叛国罪”被处死，留下一儿一女。约瑟芬在巴黎的沙龙里非常引人注目，拿破仑痴迷地爱上了约瑟芬，并最终举行了没有宗教仪式的婚礼，娶了这位寡妇。在结婚登记簿上，约瑟芬少写了四岁，拿破仑多写了一岁，实际上，约瑟芬比拿破仑大了四岁。对于这桩不可思议的婚事，拿破仑不为外力所左右，独立果决的性格和行动力充分显示出来。

为打破来自国外的主要威胁，拿破仑奉命出任意大利远征军指挥官。在拿破仑的统领下，法军历尽艰难，取得了重大胜利，使占领意大利的奥国军队节节败退，最终逼迫奥国与法国缔结和平条约。拿破仑凯旋。至此，拿破仑也成为了意大利实际上的统治者。

1799 年 11 月 9 日，拿破仑抓住时机，果断发动政变夺权。凭借这次兵不血刃的行动，拿破仑掌握了法国最高权力，并于 1804 年 12 月加冕为皇帝。

拿破仑处理政事时，积极改革，善用人才，此间编成的民法（后称为《拿破仑法典》）极为开明，后来还成为许多国家制定法典的蓝本。

1799—1815 年间，拿破仑统治下的法国与欧洲反法同盟进行了一系列世界性的战争，这些战争被称为“拿破仑战争”。拿破仑英勇果敢的个性特点在这些战争中表露无疑，是他能够取得胜利的重要因素之一。但是，这种个性的另外一面就是自傲自大，容易走向极端，加冕称帝就是这种个性膨胀的结果。

拿破仑在军事上的赫赫战功，使得权贵们对他卑躬屈膝，人民对他爱戴而顺从。他自己也被笼罩在神话的外衣之下。他的自我意识不断扩张，权力意识不断强化，而清醒的判断力则大大缺失，这样，狂妄而武断的决策就不可避免地出现。

1806 年，拿破仑的军队在普鲁士全境所向披靡，借此，拿破仑颁布了“大陆封锁令”，强迫整个大陆与英军作战，这一狂妄的决策引来了对西班牙的战争和奥地利的参战，致使拿破仑不得不面临两线作战的不利局面。接着，他又发动了大规模的侵略俄国的战争，导致整个欧洲都起来与法国对抗。这种错估形势,战略失误带来了严重的后果,拿破仑在欧洲东西部的战役接连受挫,而国内也危机四伏。

1814 年 4 月 6 日,法国元老院经决议通过,废黜皇帝,拿破仑退位,被放逐到了厄尔巴岛。

这样一个小岛能装得下拿破仑这个满怀雄心壮志的人吗?拿破仑的一次行动令人瞠目结舌。他以极大的决心和勇气,带领着一小队几乎没有武装的队伍,逃离了厄尔巴岛,在法国登陆。经过短短的三个星期,不曾死伤一兵一卒,拿破仑再一次成为了法国的皇帝,这无疑是个奇迹。拿破仑的举动令整个欧洲震惊。

当然,在后来的那场著名的"滑铁卢之战"中,由于指挥上的失误,拿破仑失败了,再度失去王位,再次被放逐,最终于 1821 年 5 月 5 日死于流放地圣赫勒拿岛。

从科西嘉岛的少年,到威震四方的将军,再到法兰西第一帝国皇帝,拿破仑创造了史上奇迹,而这奇迹之所以出现,就在于拿破仑自强不息、英勇果敢的个性特征。拿破仑与恺撒、亚历山大大帝、汉尼拔被认为欧洲四大军事家。

逐梦箴言

拿破仑以一腔热血和英勇果敢创造了世间奇迹,他以鲜明个性成就了梦想,造就了辉煌。但英雄也有失势之时,拿破仑的最后结局令人深思,任何时候都要有清醒的认识和对个性的把握,这也是立于不败之地的重要一环。

知识链接

埃菲尔铁塔：法国巴黎的著名建筑物，位于塞纳河南岸马尔斯广场，为庆祝法国大革命一百周年和在巴黎举行的世界博览会，由法国工程师埃菲尔负责设计建造，故名。1887年始建，1889年竣工。塔为铁结构，重9000吨，原高300米，1959年装上电视天线后为320米。1930年以前为世界最高建筑物。

《拿破仑法典》：法国在拿破仑统治时期制定的民法典。1804年，拿破仑帝国建立后颁布。1807年，正式命名为《拿破仑法典》。法典共2281条，综合了罗马法、习惯法及革命新法汇编而成，是法国大革命胜利成果和启蒙思想相结合的产物。

拿破仑

■ 横眉冷对千夫指

“横眉冷对千夫指，俯首甘为孺子牛。”

这是鲁迅的名言，这既是鲁迅的自画像，也表现出了他不屈的人格和美好的情怀。

鲁迅的性格是人所共知的，他的骨头最硬，他的战斗精神最强。

20世纪初，在古老的中华大地上，掀起了一股强劲的“五四”新文化运动，鲁迅作为一位文化巨人站在了这风潮的巅峰，他以自己的人格和精神成为了这场运动的旗手，为后人敬仰。

1881年9月25日，鲁迅出生在绍兴新台门的周姓人家。鲁迅从小就喜欢读书、听故事，7岁入私塾。按旧时的习惯，一般的学生入私塾，首先要从“三百千”（三字经、百家姓、千字文）学起，但鲁迅的学习则大为不同，他首先学习的是一本讲述中国历史的内容丰富的书，名字叫《鉴略》，这让他摆脱了一般学生拘谨刻板的学习内容，也使他的性格更为活跃。而且，从小他就掌握了许多民间故事和神话故事，这就使鲁迅的性格初步具有了开化与反叛的元素。

鲁迅的个性从少年时代就初现端倪。一次，鲁迅要去看一场叫做“五猖会”的盛会，其中的各种杂耍及演出强烈地吸引着他。可是，要看“五猖会”就得把书背熟了再去，盯在一旁的父亲如是要求。鲁迅的要强的个性一下表现了出来，他集中精力心无旁骛地开始了背诵，硬是在出发前圆满地完成了父亲交给他的背诵《鉴略》30行文字的任务。

在那个新旧思潮交替的时代，少年鲁迅常常能够领略到一种文化的新气息，他的求知欲越来越强烈，所有能够接触到的书他都要拿到手中，他的好奇心也就越来越强了。为了能够更好地读书，要强的鲁迅甚至养成了不惜下苦工手抄的习惯，这样，他就可以长时间地占有书并且细细阅读了。知识量的增加、视野的开阔让鲁迅的思考力大大提高，他的反叛精神开始萌动。

12 岁时，鲁迅到全城最有名的三味书屋读书。在这里，他不断汲取新的养分，更被老师寿镜吾的爱国热情深深感染。这期间，父亲患病，鲁迅以坚韧的毅力一边照顾父亲，四处奔波为父亲抓药；一边抓紧时间读书，从不耽误一刻的学习时间。无奈，父亲的病始终没有治好，离开了人世。鲁迅悲痛万分，想起父亲临终前的嘱咐："人，如果受欺负，就应当强硬对待，但如果无端去欺负别人，确实不应该的。"他的内心深深埋下了一颗梦的种子：学医——报答父亲，报效国家。这时鲁迅 16 岁。

1898 年，17 岁的鲁迅考取了南京水师学堂，以求实现自己的远大抱负。刚来到这里，他满怀豪情，决心学成之后从军报国。但实际上，南京水师学堂与鲁迅的想象完全不同，其间的"乌烟瘴气"让人无法忍受，没隔多久，倔强的鲁迅就愤然离开了那里。

第二年，鲁迅转入了江南矿路学堂。在这里，他学习到了很多从前没有的知识；接触了很多从前没有的事物。尤其是自然科学的初级知识，使他像呼吸到了新鲜的空气一样，精神一振，更加刻苦用功。英国生物学家赫胥黎的《天演论》更是给鲁迅的思想打开了一扇天窗。当时，《天演论》给思想界、学术界带来了巨大的影响，像一股巨大的浪潮冲刷着陈旧的观念，鲁迅随着这股浪潮，走进了一个新的世界。在这个"物竞天择，适者生存"的世界，鲁迅开始思索自己国家和民族的未来。1902 年，鲁迅以优异的成绩被江南矿路学堂派往日本留学，这正应和了鲁迅丰富学识、寻求真理的渴望，鲁迅欣然前往。

在日本，鲁迅利用一切现有的机会苦苦寻求救国真理，他认为唤醒大众是救国的首要问题。他经常探讨如下问题：怎样才能理解人性？中国国民最缺乏的是什么？它的病根在哪里？学习期间，鲁迅不顾清政府学监的警告，成为第一个毅然剪掉头上象征清朝统治的辫子的学生。在日本,鲁迅常常感受到中国人所受的欺侮,每当这个时候,他总是义愤填膺，心绪难平。

当时,章太炎、邹容、秋瑾等革命家已先后在日本活动,革命形势也影响着鲁迅，他积极参与其中。先后以自己的学识和刚强不屈的精神翻译和撰写《斯巴达之魂》《中国地质略论》等一批书稿文字,力求唤起民族的抗争精神,为祖国而战。两年多的基础语言学习结束后,鲁迅决定改学医学,为国效力。

鲁迅进入了仙台医学专门学校。在那里，鲁迅得到了藤野先生无微不至的关怀。藤野先生那种善良正直的品格使鲁迅甚为感动，日后他曾著文《藤野先生》缅怀这位可敬的老师。但作为一个弱国的子民,鲁迅的民族自尊心却也常常受到伤害。在一次细菌课播放的幻灯片上，鲁迅看到了画面上日本人在中国枪毙中国人的一幕。那一幕出现时，围观的一群中国人面对自己受死的同胞时,表情却是无动于衷,麻木不仁。而在鲁迅周围观看影片杀人场面的日本学生则拍手称快。“呜呼！简直无法想象！”鲁迅的内心受到巨大的撕咬,他愤然起身离开课堂。

惨痛、无情的现实又在苦苦寻求救国之路的鲁迅的心中敲响了钟鸣,此时的鲁迅思想深处发生了深刻的变化,他痛切地感到,医学救国的道路行不通。如果思想不提高,即使有再健壮的身体,也只能被当作枪毙的材料,或是被当作麻木不仁的观众……

“要改变人的精神，首先要推行文学艺术。”这是鲁迅思索的结果,也是他将要为之奋斗的道路,而救国救民则是他的终极目标。

起初，鲁迅打算创办一种刊物，借提倡新的文学运动改变国民精神，因各种原因没有办成。但鲁迅在这条道路上坚毅走下去的决心没有丝毫动摇。面对艰难的生活,他节衣缩食,呕心沥血;利用一切机会广泛涉猎,凡是能唤醒民众意识的文学作品他都悉心钻研；凡是利于解国家民族于危难的思想他都倾力表达。他所撰写的《人的历史》《科学史教篇》《文化偏至论》《摩罗诗力说》等文章饱含了鲁迅为国为民的一腔热血，闪烁着思想的光芒，从此，在中国现代文化思想的舞台上，鲁迅也以一个无畏的斗士的姿态傲然挺立。

1909年，鲁迅回到了昼思夜想、阔别已久的祖国。回国后的鲁迅从事了教学的工作，这期间，他以自己的学识和思想言传身教，积极为革命风暴的到来做准备。

辛亥革命的爆发结束了两千多年的封建统治，带来了新的希望，然而，前路依旧多艰，中华民族获得真正新生的道路还很漫长。辛亥革命后，中国的政治舞台风云变幻，新旧势力的斗争依旧激烈，整个国家处于又一种混乱与无序之中。

处于这种形势下的鲁迅，在与旧恶势力的斗争中表现出了一种顽强不屈的大无畏的战斗精神。他以他的精神，以他的文学发出了伟大的呐喊：

"一间铁屋子里，有许多熟睡的人们，不久就要闷死了。是大声呐喊着唤醒他们，还是让他们在昏睡中死去呢？"

他参加了《新青年》的编辑工作。

他发表了第一篇白话小说《狂人日记》，鲁迅的笔名就是从此开始用的。

他发出了《呐喊》。其中的《孔乙己》《药》《一件小事》《故乡》《阿Q正传》……一篇篇震撼人心的作品恰似暗夜里的惊雷，振聋发聩。鲁迅的名字也屹立文坛。

而鲁迅的杂文，则更像匕首和投枪，将锋芒无情地投向黑暗的势力。

"五卅"反帝运动爆发，他义愤填膺，撰写多篇杂文进行针锋相对的斗争。

革命义士刘和珍被害，他写下控诉："如此残虐险狠的行为，不但在禽兽中所未曾见，便在人类中也极少有的……这不是一件事的结束，是一件事的开头。墨写的谎说，绝掩不住血写的事实……"进而，坚定了斗争的信念："真的猛士敢于直面惨淡的人生，敢于正视淋漓的鲜血。"

鲁迅的战场一个接一个，从北京到上海，从厦门到广州。他所面对的敌人形形色色，从黑暗的政府到伪善的文人。他的宗旨只有一个，救国救民。他的性格永远是那么刚强。他的斗争永远是不屈不挠，横眉冷对。

“万家墨面没蒿莱，敢有歌吟动地哀？心事浩茫连广宇，于无声处听惊雷。”鲁迅以博大的胸怀和远见卓识，洞见新世纪的曙光，而以自己刚强不屈的精神为这新世纪的到来奋斗不息，鞠躬尽瘁，铸就了民族的脊梁，成为“民族魂”。

逐梦箴言

虽然一个人性格的形成，有着多重因素，但成长的初级阶段最为重要。心灵开放，思维开阔，才可能在面对外界之后，正视自我，养成独立的个性，才能做到与外界的对话。

鲁迅有了独立的个性，才有了刚强不屈的精神，才可能实现心中的梦想。

知识链接

新文化运动：五四运动时期反对封建思想的启蒙运动。1915年9月，陈独秀主编的《新青年》杂志的出版，揭开了这一运动的序幕。一批激进的知识分子如陈独秀、李大钊、胡适、鲁迅等人，高举民主和科学的大旗，反对旧思想，提倡新思想；反对旧道德，提倡新道德；反对旧文学，提倡新文学，猛烈冲击封建主义，广泛宣传民主主义，促进了人民的思想解放。

知识链接

私塾：私塾是我国古代社会一种开设于家庭、宗族或乡村内部的民间幼儿教育机构。它是旧时私人所办的学校，以儒家思想为中心，它是私学的重要组成部分。

■ 纷纭之势看巾帼

如果提起20世纪80年代的国际政坛，撒切尔夫人堪称风云人物，即使是今天，她的影响仍然令世界刮目相看。

玛格丽特·撒切尔于1925年10月13日生于英国的一个极为普通的家庭。祖父是个鞋匠，外祖父是个铁路警察。父亲是个小店主，母亲做过裁缝。这就是撒切尔的出身，撒切尔的家庭背景。试想，在英国这样一个具有贵族遗风的国家，出身卑微的人，何况还是个女子，想要登上权力的巅峰，谈何容易，几乎是不可想象的事情。

但是，撒切尔夫人做到了，而且，在位11年之久，为世人称道。这一切，源于一个重要因素，那就是撒切尔夫人坚忍不拔的钢铁般的性格。

中学时代的撒切尔夫人就不甘人后，学习成绩出类拔萃，还是学校里最年轻的曲棍球队员。中学毕业后，撒切尔夫人考取了著名的牛津大学化学系。一个偶然的机会，撒切尔夫人听到了父亲与一位法官的谈话，法官关于各种案件的审理情况的讲述引起了她的极大兴趣，这使她生出了改学法律的念头。父亲告诉她，即使是学习法律，也要具备另一门自然学科的学历。

于是，她还是先进入到了牛津大学学习化学。在英国的大学，选择学习化学的女生历来很少，撒切尔夫人刻意选择了化学，表现出了与众不同之处，是一种自信心的体现。父亲曾对她说过："做人要有主见，不要怕与众不同，更不能随波逐流。"父亲的话撒切尔夫人谨记在心，遇到什么事情总要用这句话衡量一下。

毕业后，玛格丽特顺理成章地进入了一家航空公司的塑料部门从事研究工作。“玛格丽特非常精通业务，尽管不是最有想象力的化学家，但她的能力却超出了多数的男人。”这是部门负责人对玛格丽特的如实评价。

然而，这样的天地确实装不下玛格丽特那涌动的抱负。那种积极向上不懈追求的个性，使她必然偏离常轨，走向她自已的道路。这在大学期间就已经显现出来了。

大学期间，玛格丽特就是一个活跃分子。假期里，她会到其他学校做兼职教师以贴补费用的不足，并且积极接触社会，开阔了视野，增加了阅历。三年级时，玛格丽特当上了牛津大学保守党协会的主席。这一职位让她有了充分的锻炼和展示自己才能的机会，她的组织能力和辩说能力都得以加强。甚至有人对她的才能大加赞赏，还劝她去做议员。

虽然走上了正常的工作岗位，但玛格丽特的双眼却关注着远方的政治舞台。

机会终于走向了这个有准备的人。1949 年 3 月，经好友推荐，玛格丽特在 26 位男性竞争者中脱颖而出，当上了达特福选区的保守党议员候选人，而此时，她还不到 24 岁。

这是玛格丽特梦想的出发地，她对此非常珍惜，为此她做了充分的准备工作。她辞去了原来的工作，为了生计，在离选区较近的地方找了个工作，并租了个居所。早出晚归，除了工作以外，其余时间都用在了与参选有关的事项上，常常是快到凌晨才休息。连房东都惊叹从来没有见过如此坚韧的人，何况还是个女人。

玛格丽特所在的区是英国工党的固有根据地，上一届的选举，工党的选票比保守党多出了近两万张。此次选举，玛格丽特使工党原来的多数票减少了三分之一，而保守党的选票却增加了百分之五十，这无疑是个很大的成功，保守党选举委员会对此大加赞赏。这也让玛格丽特信心大增。

1951 年年末，玛格丽特与丹尼斯·撒切尔结婚，她也就成为了撒切尔夫人。两年后，撒切尔夫人产下了一男一女双胞胎。家庭和孩子无疑是一个女人生活中的重要部分。面对生活与工作的双重重担,撒切尔夫人面临着严峻的考验。这时,她那坚韧刚毅的个性特征显露了出来。她清醒地意识到,如果自己此时不做出极大的努力,未来将很难走出来工作。而若是顶住暂时的压力,挺过去,未来的一切都有机会。而后,孩子刚刚满月,撒切尔夫人就开始恢复她曾经攻读的法律专业的学习;三个月后,她参加了律师的考试,被录取为律师。可以说,撒切尔夫人的个性,支撑着她的梦想依然在既定的方向上前进。

与一般女性律师往往参与民事案件不同,撒切尔夫人却进入了只能由男子管理的部门——税务法官议事室。税务法事关国家大政,在这里工作,无疑,离政治很近,对她的助益可想而知。

1959 年,撒切尔夫人 34 岁,一个机遇出现在了她的面前。在芬奇利选区,上届大选以绝对多数当选的一位议员因个人原因,宣布不再竞选连任。这样,出现了一个竞选的空位子,顿时,二百多位申请人立刻挤向前来,撒切尔夫人当然不甘人后。结果撒切尔夫人获得了胜利,原因很简单:她有因上次竞选的出色表现而给人留下的深刻印象;她有多年从事律师工作的经历;她那刚毅坚韧的性格让人刮目相看。这样,撒切尔夫人不但走出了家庭,走进了法律界,更走向了政治舞台。她开始以职业政治家的姿态在议会崭露头角。

1960 年年初,撒切尔夫人迎来了自己在议会讲台上的第一次演讲,她脱稿阐述了 30 分钟,将一个难以说清且容易引起论战的议案讲得条分缕析,头头是道,结果该议案获得压倒性通过。就连议案的反对者都不得不承认:撒切尔夫人的讲话具有一种即使是男性都很难具备的刚毅风格,起到了震撼的效果。

撒切尔夫人从政后的一系列表现,使她很快成为全国的知名人物。1961 年 10 月,她出任麦克米伦内阁的年金和国民保险部政务次官。在接下来的由高级官员参加的一次有关政府年金的重大辩论上,40 分钟的辩论演讲她有理有据,一气呵成,令在座的议员们听得目瞪口呆,大为折服。此后,撒切尔夫人便成了保守党日益倚重的人物。

政治的更迭变幻莫测，但撒切尔夫人却始终在政治的漩涡中搏浪。

1974 年，保守党在大选中失败，首相希思下台，于是，党内有些人希望他们的领袖希思辞职，让保守党主席怀特洛来重振该党声威，为下次大选做准备。谁知，希思可不是个轻易认输的人，他依旧雄心未泯，准备东山再起，再博首相一职。

1975 年 2 月，在保守党的年会上，按惯例要选举党的领袖。作为十年来的保守党领袖及全党公认的最高权威，希思也是本次选举当然的候选人，因此，即使谁有染指领袖位子的意念，望而却步是很正常的。照希思看来，党内的后起之秀基思·约瑟夫还可算作领袖位子的竞争者；虽然撒切尔夫人才干非凡，但对于领袖的位子，她也就是望一望而已。撒切尔夫人支持约瑟夫与希思较量，约瑟夫也当仁不让，但后来约瑟夫却因家庭的原因退出了竞争。如此一来，看似风平浪静了，希思再无对手了。

然而，谁都不曾料想，一天，一位妇女推开了希思的房门，礼貌地对这位领袖说："阁下，我来向你挑战！"说话者正是撒切尔夫人。这无疑似一颗重磅炸弹在党内引起轩然大波。按照通常的做法，拉帮结派参与角逐是暗地里做的事，而撒切尔夫人却如此坦率和公开，着实体现出了她的勇气和魄力，再回顾 16 年的议会生涯中她显露出的刚毅坚韧的个性，这着实让很多人深感佩服，她也因此声名大振。

此时，"领袖的位子距离撒切尔夫人到底有多远"已成为议员们不得不认真考虑的问题。

竞选结果，希思落败，辞去领袖一职，撒切尔夫人稳操胜券，当选为英国历史上首位女党魁。至此，前往唐宁街 10 号首相之位的大门已经敞开，接下来就看她的步伐了。

1979 年，撒切尔夫人在大选中获胜，当选英国首相，消息一出，欧洲政坛为之震撼。败北的工党领袖卡拉汉递交辞呈后说："一个女人占据这个位置，这是英国历史上的一件大事。"法国卫生部部长西蒙娜·韦伊夫人拍手称快，说她的胜利是"所有妇女的胜利"。

在接下来的执政期间，撒切尔夫人依然保持着刚毅坚韧的个性，从容施政,信心满怀,沿着自己的路走下去。三次蝉联英国首相,世所罕见。

撒切尔夫人的行动力让人钦佩,所发生的效果令人惊奇。其实,她的刚毅坚韧的个性是有其信念支撑的。从步入仕途起,她就强调妇女应该走出家门,要和男人一样去工作。她曾多次撰文,发表演说强调妇女要认清自己的政治地位,不能甘为人后,应该向上攀登。

撒切尔夫人用自己走过的路见证了她的信念。而以刚毅的个性走向梦想则是她的成功法则。

逐梦箴言

撒切尔夫人的人生经历是个由平凡走向巅峰的成功范例。由一个平凡之家走向首相之位,谈何容易?不难发现,其间的每一步,刚毅的性格特征以及对个性的坚持,都在最关键时闪烁出独特的魅力。

知识链接

唐宁街 10 号:英国伦敦白厅大街上一条横街,以 17 世纪英国外交官唐宁命名。唐宁街 10 号是首相官邸,内阁会议一般都在这里召开。常作为英国首相府的代称。

智慧心语

真正之才智，是刚毅的志向。

——拿破仑

最穷的是无才，最贱的是无志。

——福楼拜

朝者一定目标走去是“志”，一鼓作气中途绝不停止是“气”，两者合起来就是“志气”，一切事业的成败都取决于此。

——卡耐基

慷慨丈夫志，可以耀锋芒。

——孟 郊

真正的坚忍是当一个人无论遇到什么灾祸或危险的时候，他都能够镇静自处，尽责不辍。

——洛 克

第五章

坚守梦想永不弃

南丁格尔

导读

任何伟大的梦想都不可能一蹴而就，都需要经过艰苦的努力。只有秉持坚守的精神，百折不回，才能在实现梦想的路上，一路向前。

天使的飞翔

南丁格尔,这个伟大女性,每当人们提到她的名字,总是抱以敬仰的情怀。她那扶危济困、舍己为人的精神给后人留下了一个光辉的典范,而她为一项伟大事业矢志不渝的追求精神又给人以深深的激励。

南丁格尔走上护理事业历经了艰难而曲折的过程。

身处富有之家,但南丁格尔的追求却与一般富家子弟大相径庭,17 岁时,她在心中想为世人做些什么的渴望已经非常强烈。但做什么具体行业,还是朦胧的。

旅游是南丁格尔家的一个生活习惯,在旅游之中,南丁格尔增长了阅历,也对外界有了更多的了解。但徜徉在秀丽的风光里,沉浸在豪华的社交中,也会消磨人的意志。可是,每当南丁格尔遇到那些漂泊困顿的人们,她的悲悯情怀立刻就难以抑制地从心底升起。

一次,一位经常施善的历史学家沉痛地对她说:“有一天早上,我家门口竟然挤着三百多个乞丐,在那里争相讨钱。我很想为他们做些什么,可是心有余而力不足啊!战争带来的社会问题,真叫人感伤啊!”这些话深深地刺痛了南丁格尔的心,点燃了她关注社会问题的热情,她似乎找到了自己的方向。

在巴黎,南丁格尔结识了一位思想先进的夫人,她告诉南丁格尔,女人应该走出家门,为社会做一些事。对此,南丁格尔铭记在心。在未来的岁月里,这竟成了南丁格尔为之奋斗的重要方向,成为全世界妇女的福音。

南丁格尔的父亲为家庭修建了一所豪华的房子,南丁格尔则希望它能成为救助和医治患者的医院。每当家里在豪华的客厅招待客人,看着大家欢愉的神情,南丁格尔却把思绪牵到了暴风雨中的漂泊者的身上。想为社会做些什么,但无从下手的南丁格尔陷入了苦闷之中。在苦苦的思索之中,南丁格尔终于选择了自己的方向:做一名护士。

在当时的社会环境下,护士是个低贱的职业,从业者都是没有受过教育的,经常酗酒,跟病人吵架,因此,总是被别人瞧不起。南丁格尔想以自己的修养和学识做出榜样,扭转护士的形象。

南丁格尔24岁的时候,家里来了一位客人贺博士,这位盲人教育家和启智专家给了南丁格尔以鼓励,从此,每当南丁格尔接触到病患,她就主动以护士的姿态进行看护。进而,她想到了去正规的医院去学习。但是,南丁格尔的想法遭到了家人的强烈反对,南丁格尔的父母难以容忍自己的女儿去做那种极为卑贱的工作。

贤淑的南丁格尔不忍心伤害家人,可心底的渴望又异常强烈,她陷入了长时间的沉默,但决心却与日俱增,哪怕那是个肮脏的世界,自己也要挺身加入,而且要做个伟大的护士。

为了调动南丁格尔的情绪,转变她的想法,父母给她介绍了一门婚事,但南丁格尔拒绝了:“我不能满足这样的生活……我永远不会放弃贡献人类的愿望……”无望之下,父母试图以旅游的方式扭转僵持的气氛,一家人来到了意大利。

但是,让南丁格尔母亲失望的是,此番出行,不但没有转变女儿的想法,反而使她的决心更加不可逆转。这是因为,南丁格尔无论走到哪里,她的兴奋点都在围绕着自己的目标。她所关注的都是那些贫苦病弱的人们,她的所见所闻,使心中的渴望更加炽烈。

当南丁格尔30岁时,还在理想和现实之间受着煎熬,她在内心不停地呼唤:“我实在不甘心,难道为人类服务,真是我分外的奢望吗?”一次旅行的机会,她终于来到了梦寐以求的地方——闻名一时的德国的开塞威特医院。两个星期的体验,南丁格尔感受极深,并把自己的所见所闻记录了下来。不久以后面世的一本署名为“一个无名的小妇人”的书——《在莱茵河畔的开塞威特医院》，就是南丁格尔这时候写出来的。这次体验令南丁格尔信心大增，以往的怯懦一扫而光，回国后，她向家人表白了决定：重回开塞威特医院，接受实际的训练。

面对南丁格尔的执着，家人既无奈又痛苦。终于，南丁格尔的坚持产生了效果，1851 年 7 月，她成为了开塞威特护士训练所的一员。当她接过工作制服时，激动的心情令她双手不停地颤抖。

带着多年的渴望，凭着极大的爱心和聪明才智，南丁格尔出色地完成了培训项目，被称赞为医院里护士的模范。

正当南丁格尔尚未确定具体工作时，克里米亚战争爆发了，这场战争决定了南丁格尔未来的命运。

恶劣的战争环境、大量的伤员、因无人护理痛苦而死的士兵，这些报道从前线发回国内，令英国民众深为震惊。如何派出救护人员成了人们迫切关注的问题，也是南丁格尔密切关注的事情。使命落在了南丁格尔的肩头，她担当起了“土耳其英军医院看护监督”的职责，带领着 38 名队员出发了。

在那里，南丁格尔亲历了残酷战争造成的巨大不幸，经历了人生中前所未有的艰难困苦，以坚忍不拔的毅力和舍己为人的精神，给伤痛之下的战士以身体救助与精神慰藉，挽救了处于死神边缘的生命，传递了世间的温暖与爱心，凝结成为一道人类战争史上的鲜见的救护奇观。在恶劣而痛苦的境况下，南丁格尔摇曳巡视的灯盏似一束希望之光，照亮了伤员的心房，也映衬出这位伟大女性圣洁的身影，人们亲切地称她为“提灯女神”。而护士则获得了“天使”的美誉。

克里米亚战事中伤员救护，是南丁格尔超凡爱心的表达，是她多年梦想的具体实现，经过艰难困苦的洗礼，在追求梦想的路上，南丁格尔走得更加坚定。

南丁格尔的事迹在社会上引起了巨大的反响，为了爱心事业，人们纷纷解囊，“南丁格尔基金”很快募集完成。一个长久以来的理想展现在了南丁格尔面前。1860 年，南丁格尔利用这笔基金，在汤姆士医院设立了护士培训所，通过南丁格尔的努力，护理行业从“污水般”的社会底层，一跃而成为了受到人们尊敬的行业，护士培训所也成为了一个成功的范例。

南丁格尔撰写的《医院笔记》《护理笔记》等主要著作，成为医院管理、护士教育的基础教材。请看南丁格尔的誓言：“余谨以至诚于上帝及会众面前宣誓：终身纯洁，忠贞职守，尽力提高护理专业标准，勿为有损之事，勿取服或故用有害之药，谨守病人及家属之秘密，竭诚协助医生之诊治，勿谋病者之福利。”即使是今天，读到这些护理的信条，依然令人肃然起敬。由于她的努力，护理学成为一门科学。

南丁格尔的成果很快就被推广到了英国其他各地，最后，英属各殖民地、美国以及欧洲各国也都纷纷效仿起来，给众多的伤痛患者带来了福祉。

南丁格尔的奉献精神还促成了国际红十字会的成立。战争的频发，令许多有识之士不断思索战争带来的创伤问题，为了唤起全世界的注意，他们在不断寻求一个有效途径。作为这方面的杰出代表，瑞士人迪南四处奔波，试图建立一个庞大的救护组织，以解决战场上的救护问题。而之所以能产生这样的动机，南丁格尔的奉献精神功不可没。最终成为红十字会发起人的迪南曾在自己的书中这样写道：“每个人都知道，在这长久崇高的牺牲中，她那热爱人类的一颗心，曾促使她做了些什么……”1864 年 8 月，16 个国家代表在日内瓦正式签订了《万国红十字会公约》。

南丁格尔以其不懈的努力获得了巨大的荣誉，但南丁格尔没有被这些荣誉所累，她所关心的依旧是处于危境和苦痛之中的人们，她就这样一直走了下去……

“在人类历史上，她是一个圣洁的典型，也是一个巾帼英豪，提着油灯的天使。”美国诗人朗费罗这样赞叹道。

南丁格尔就是以一种坚持不懈的信念，排除困难，建立了不朽功绩，成为了现代护理专业的创始人。

1912 年，国际护士会倡议各国医院和护士学校确定每年 5 月 12 日南丁格尔诞辰日举行纪念活动，并将 5 月 12 日改为国际护士节，以缅怀和纪念这位伟大的女性。

逐梦箴言

梦在何方？梦在心里，梦在矢志不渝的追求之中。理想有时是朦胧的，但是，只要在心底埋下希望的火种，它总有一天会破土而出。

知识链接

国际红十字会：红十字会的国际组织。1864 年 8 月 22 日在日内瓦签订了《万国红十字会公约》，正式得到国际公约的承认。1928 年制定国际红十字章程，称“国际红十字”，1986 年第二十五届红十字国际会改用现名。由红十字国际委员会、红十字会与红新月会组成。宗旨为在所有活动中维护人道性、公正性、中立性、独立性、志愿服务、统一性、普遍性七项红十字基本原则。组织机构：红十字与红新月国际大会为最高审议机构，每四年举行一次；国际红十字常设委员会，为常设机构。总部设在日内瓦。

南丁格尔奖：南丁格尔奖是国际红十字委员会为表彰在护理事业中做出卓越贡献人员的最高荣誉奖。南丁格尔在克里米亚战争中首创了护理工作先河。她将个人的安危置之度外，以人道、博爱、奉献的精神为伤兵服务，成为崇高的象征。1912 年，国际红十字委员会决定，每两年颁发一次南丁格尔奖，作为对各国护士的国际最高荣誉奖。

精神的彩虹

你们赞美大自然悦人心目的千变万化和无穷无尽的丰富宝藏，你们并不要求玫瑰花和紫罗兰散发出同样的芬芳，但你们为什么却要求世界上最丰富的东西——精神，只能有一种存在的形式呢？每一滴露水在太阳的照耀下都闪烁着无穷无尽的色彩，但是，精神的太阳，无论它照耀多少个体，无论它照耀着什么事物，却只准产生一种色彩，就是官方的色彩。

这是马克思《评普鲁士最近的书报检查令》中的文字，这是他对反动腐朽的当局发出的战斗号角。

1842 年，马克思在柏林大学毕业，并取得了哲学博士的学位，从此，他带着满怀的激情走上了与旧世界战斗到底的艰难旅途，矢志不渝。

《莱茵报》是马克思的第一块阵地，在这里，他向普鲁士当局的专制和残暴发起了无情的挑战。他要让“精神的太阳”发出无尽的光彩。《莱茵报》在马克思的引导下，产生了广泛的影响，但是，这也招致了被专制政府停刊的命运。

此时，马克思已经是颇具影响的人物，但却没有工作，没有生活来源。为了拉拢马克思，普鲁士政府曾派人找到马克思，要“委以重任”，让他在政府高级部门做事。马克思断然拒绝：“我虽然没有工作，但我决不会甘做政府的附庸。”“我只能做自己认为正确的事。我的头脑只能属于我自己。”

1843 年深秋，马克思离开了德国，来到了法国巴黎。在巴黎，马克思不断加强与工人阶级的联系，经常到工人中间了解他们的生活、思想、愿望，还经常参加工人组织的秘密会议。这样就使自己的理论思想与工人阶级的实际思想紧密地结合起来,也取得了更好的宣传效果。

在实践中马克思越来越清晰地认识到,要使工人阶级翻身解放,成为社会的主人,就必须消灭私有制,全面提高全人类的思想觉悟和文化水平,进而建立一种更完善、更理想、人人平等、没有剥削、没有压迫的新型社会——共产主义社会。只有在这个社会里,才能够实现人类大同。

同时他又认识到,要实现共产主义社会,光靠抽象的理论是解决不了问题的,还必须付诸实际的行动——就是打碎旧的国家机器,推翻资产阶级专政。因此,必须依靠广大的工人、农民等无产者联合起来,共同奋斗。

从此,马克思对他的革命行动的目的、手段有了更进一步的认识。他的一切革命活动都围绕着建立共产主义社会这个宗旨。

在巴黎,马克思创办了杂志《德法年鉴》。这又是一块马克思向旧势力发起挑战的阵地。该杂志一经出版,便引来强烈反响。在这本杂志上,马克思发表了他的一篇重要文章——《〈黑格尔法哲学批判〉导言》。文章指出:“批判的武器当然不能代替武器的批判,物质力量只能用物质力量来摧毁;但是理论一经群众掌握,也会变成物质力量!”这是马克思对理论指导实践原则的重要阐述。

别林斯基说在《德法年鉴》中找到了真理。有评论认为马克思的文章是“德国的天才人物给予法国人民的最伟大、最优秀的礼物”。但是,《德法年鉴》无疑是对专制当局的一种刺痛,在种种压力面前,马克思决不屈服:“我们是思想者,是自认为担负着人类和社会的责任的。”于是,仅仅出版了一期就被封杀了。马克思又失去了工作,失去了生活来源。但令人欣喜的是,在此,他与恩格斯相识并结下了一生的战斗友谊。他们志同道合,在短时间内合作完成了一部极具深度和广度的唯物主义哲学著作《神圣家族》,标志着两位伟大革命导师共同战斗历程的开始。

1845 年 1 月,德法专制政府联合将马克思驱逐出法国。

1845 年 2 月,马克思来到了比利时首都布鲁塞尔。但是,令马克思愤怒的是,比利时警方在德国警方的威逼下又来找马克思的麻烦,认为马克思“是危害德国的危险分子，也是西方世界的危险分子”。声言：只要马克思还是德国人，无论走到哪里，德国政府都不会放过他；而且，欧洲其他国家的政府也不会授予马克思国籍。马克思严厉回答道：“我有国籍，我的国籍是世界，我就做一个世界公民。”马克思真的做到了，他的一生始终在为世界人民做着奉献，全世界人民都因为有这样一个伟大的公民而骄傲。

不久，恩格斯也来到了布鲁塞尔，他们共同写出了《德意志意识形态》一书，这是马克思、恩格斯思想走向成熟的标志性著作。

这一时期，二人还为建立无产阶级政党而奔忙，1847 年 6 月，成立了共产主义者同盟，其宣言《共产党宣言》震惊世界，成为人类思想史上最重要的著作之一。进而，马克思及其战友们就积极投入到了群众之中进行宣讲教育工作，从而为未来的世界革命播下了火种。

由于马克思的革命理论和革命活动触及了旧制度的本质，他再一次被驱逐了。1848 年 3 月的一天，马克思离开了布鲁塞尔。

此时，在法国革命的影响下，德意志联邦爆发了革命，马克思和恩格斯立刻赶回了祖国，参加领导革命。他们创办了一份报纸《新莱茵报》，以此为阵地，揭露专制政府的腐朽，给革命斗争以明确指导，产生了广泛的影响。这就引起了反对政府的恐慌，经百般阻挠无果，终于给报纸定罪，对马克思下了最后通牒，马克思被逐出德国。

随后，法国又将他逐出门外，而瑞士则将他拒之门外。无奈之下，马克思辗转来到英国。

此时的马克思，生活极为困难，而怀孕的妻子和三个孩子还远在巴黎。在恩格斯的帮助下，艰难地凑足了路费，燕妮和孩子们来到了英国。燕妮生下了第四个孩子后，一家人的生活更加艰难。马克思甚至为换几个面包而当掉自己的外衣，居住条件就更为寒酸。尽管这样，马克思仍然受到了来自德国警察当局的跟踪与监视。

在监视报告中有如下表述：他住在伦敦最糟糕因而房租最低的地区……房间没有一件家具是干净牢固的……因此，坐下来竟成了危险的事情……只要马克思有大量的工作要做时，他会不顾疲劳夜以继日地连续工作。

燕妮在给朋友的信中写道:“不要以为这些困难造成的烦恼就把我压垮了,我非常清楚地知道,我们的斗争绝不是孤立的,而且我有幸是少数幸福者中的一个,因为我丈夫就在我身边,他是我生命的支柱,他从未丧失对未来的信心,仍然保持着极其乐观的幽默感。……凭借他的学识和才华,只要他从事一项与赢利有关的职业,全家人定能过上富足的日子。但是,为了实现远大的理想,我们全家都毫无保留地支持他不从事任何市民职业,全身心地投入到毫无赢利目的的科学理论研究和革命斗争中。”

燕妮的表达是在见证着马克思那伟大的情怀。

“如果我们选择了最能为人类福利而劳动的职业,那么,重担就不能把我们压倒,因为这是为大家而献身;那时我们所感到的就不是可怜的、有限的、自私的乐趣,我们的幸福将属于千百万人,我们的事业将默默地、但是永恒发挥作用地存在下去,而面对我们的骨灰,高尚的人们将洒下热泪。”中学时代立下的誓言,马克思依然秉持,而且要继续奋斗下去。

——多么伟大的爱情!多么伟大的襟怀!

在伦敦,马克思一家的生活已经到了无以复加的困境了。这是马克思一生中最困难的日子。在这段时间里,经济和债务等问题,使马克思精神焦虑,饱受疾病困扰。由于境遇潦倒,他四个孩子中有三个在此期间死亡。但是,就是在这样的境遇下,马克思仍以顽强的毅力和超凡的智慧,写出了他一生中最重要著作——《资本论》(第一卷)。

为了马克思的生活,为了马克思可以全身心投入到革命理论的研究,恩格斯做出了一个极不情愿的选择:离开马克思,回到父亲的公司经商,赚钱帮助马克思一家的生活。不曾想,两位战友这一别就是二十年。

在恩格斯这种伟大的友谊的支持下,马克思继续坚持不懈地为劳苦大众的事业奋斗下去,在理论和实践上都取得了丰硕的成果,终于成为全世界无产者的伟大导师和革命领袖。

20 世纪,马克思被学术界评为有史以来最伟大的思想家。

逐梦箴言

坚持不懈是实现梦想的必由之路。马克思在异常艰苦的生活条件下，顶住来自方方面面的压力，终于完成人类历史上的巨著《资本论》，终成一代导师。这说明，梦想的实现绝非偶然，是历经千辛万苦达成的。

知识链接

《资本论》：马克思毕生研究政治经济学的主要成果和最主要的著作。共三卷。第一卷于1867年出版；第二、第三卷在马克思逝世后由恩格斯整理出版。《资本论》的主要基石是剩余价值理论。这个理论揭露了资本主义剥削的实质，揭示了资产阶级存在的基础是对工人阶级剩余价值的占有，指出无产阶级的历史使命就是彻底推翻资本主义剥削制度。《资本论》实现了政治经济学的伟大变革，标志着马克思主义政治经济学的诞生。

■ 不！永不放弃！

2002年，英国广播公司举行了一个名为“最伟大的100名英国人”的调查，结果丘吉尔获得有史以来最伟大的英国人的称谓。丘吉尔被认为是20世纪最重要的政治领袖之一，对英国乃至世界均有深远的影响。此外，丘吉尔在文学上也取得了很高的成就，曾于1953年获诺贝尔文学奖。

纵观丘吉尔的一生，有失败有成功，人生经历起起落落，然而，丘吉尔之所以能走向成功的巅峰，最重要的一点就是面对挑战绝不退缩。永不放弃是他的一个重要的人生信条。

丘吉尔，全称温斯顿·伦纳德·斯宾塞·丘吉尔（1874年11月30日—1965年1月24日），生于英国的一个名门望族，其父伦道夫勋爵是当时的仅次于首相的财政大臣。

丘吉尔自幼聪明伶俐，但却顽皮好动，18岁以前的所有学习，都处于不可救药的地步。为给儿子的未来寻找出路，其父决定让丘吉尔去桑赫斯特皇家军事学院学习。但丘吉尔两次报考均以不合格的成绩被拒之门外。

一次偶然的事故，使丘吉尔不得不在家养伤，丘吉尔的一生从此改变。此时丘吉尔的父亲伦道夫勋爵已经因政见问题辞去财政大臣职务，只是下院议员，但在家里邀请一些政界朋友是他的一大乐趣。他们聚在一起谈论的主要是有关的国家大事。时间一长，耳濡目染之下，丘吉尔居然对政治产生了兴趣，那些人的言谈举止也让丘吉尔心生羡慕。这种政治的熏染就像一堂启蒙课，一下打开了丘吉尔的心扉，他好像找到了人生的兴趣和方向。他想象着未来的情景，幻想着自己将来也成为一名政治家，甚至获得最高权力。

有了人生目标之后，从前的那个顽皮好动的丘吉尔如同换了个人似的，他开始自觉地学习了。他知道，想要实现人生梦想，必须付出不懈的努力。从前，因为对学习不感兴趣，失去了很多机会，也少学了很多东西，丘吉尔下决心以现在的加倍努力弥补以往的损失。丘吉尔的努力获得了回报，第三次报考桑赫斯特皇家军事学院，终于被录取。至此，丘吉尔向着理想迈出了第一步。

当丘吉尔从这所学校毕业时，已经完全摆脱了早期那顽劣生状态，成绩优异，俨然一位威武的军人。

不久，他被正式任命为军官，分配到第四骠骑兵团服役，开始了戎马生涯。

1895 年 1 月，丘吉尔面对了人生第一次最大的不幸——年仅 46 岁的父亲病逝，这给刚刚步入社会的丘吉尔以巨大打击。

在痛楚之后，丘吉尔感慨万千：父亲短暂而杰出的一生，是自己的楷模；父亲仕途受挫之后，始终未能东山再起，所以后来一直郁郁寡欢。面对父亲的墓碑，丘吉尔暗自发誓，一定要实现父亲的遗愿，创造出辉煌的成就。

在骑兵团的生活中，丘吉尔以军人的标准严格要求自己，刻苦训练。在业余时间，他努力克制自己，不为浮华的社交生活所诱惑，把宝贵的时间全都用在了读书上，而且从不放松。即使不得不出席的场合，他也带上一个小箱子，在必要的应酬之后就打开箱子，拿出书来读。此时，丘吉尔那迎接挑战，永不放弃的精神已经显现了出来——他要为自己的政治前途打下扎实的基础。

丘吉尔曾对母亲说过：“为了获得国家的最高权力，赢得社会地位，我甘愿冒险。”

军队的升职是循规蹈矩的，丘吉尔可等不及那样的速度，他要早些做出成绩以获得荣誉。

在服役的休假期间，丘吉尔突发奇想，决定到战场上体验一下。但是，当时并没有与英国有关的战事。于是，他把目光移到了古巴——那里正在进行着殖民地古巴与殖民者西班牙的战斗。丘吉尔前往古巴的请求得到了批准，并且，他还与《每日纪事报》签约，进行带有报酬的战事报道工作。

初历战争的丘吉尔的确被战争的残酷与恐怖所震慑，死亡的威胁就在身边，但是，他战胜了内心的胆怯，勇敢地加入到了战争中去。

这虽是一次超常规的冒险行动，但丘吉尔获益匪浅，经过这次的战争洗礼，他对战争有了真切的感受，也有了初步的认识，进一步激发了他的挑战精神；他的战事报道还在国内引起了不小的反响，他的名字因此为人所知。做常人所不能做，丘吉尔的自信心得到了加强。

至此，丘吉尔建功立业、博取功名的欲望也更加强烈；他在通向梦想的路上又迈出了重要的一步。

1896 年 6 月，丘吉尔随第四骠骑兵团前往印度驻扎，再一次经历了残酷的战争，但他经受住了考验，还以勇敢杀敌获得了勋章。

在给母亲的信中，丘吉尔这样说道："在采取行动这方面，我还没有发现比我更强的人。"参加战事的同时，丘吉尔并没有放弃学习，他挤出一切可能的时间广览群书；写战事报道成为了一种习惯，他的写作才能得到了更好的锻炼，出版的《马拉坎德野战军纪实》受到一致好评。

丘吉尔的名声也越来越大了。

1899 年 3 月，为了自己渴望的前程，丘吉尔选择了从军队辞职，发展方向直指政界，而具体目标则是成为英国首相。

以丘吉尔的名气，他获得了保守党议员的参选资格。在竞选中，他四处奔波演讲，编织网络，做出了最大努力。虽然由于经验不足而落选，但这个初出茅庐的年轻人已经给人留下了良好的印象。丘吉尔自己也获得了锻炼的机会，依然信心十足。

丘吉尔对政治有清醒的认识，名声是打通仕途的一大利器，他要获得更大的名声。于是，丘吉尔又拿起了写作的武器，去采访英军与布尔人的战争。

这次行动可谓险境重重，丘吉尔不但被卷入战斗，还被敌人俘获关进监狱。但是，丘吉尔以少见的勇气居然从监狱逃脱。当他只身一人回到英国时，受到了人们英雄般的欢迎。

至此，丘吉尔的名字与“战斗英雄”连在了一起；而战事报道又使丘吉尔成为了新闻界的名人，有报纸认为他是“当今无与伦比的记者”。

丘吉尔可以再次向政界发起冲锋了。

这次的竞选，丘吉尔的名字备受欢迎，“勇敢无畏、富有魅力、才华横溢的年轻人”成了他的代名词。他以不容置疑的威望获得了当选，以英国两大党派之一的保守党一员的身份，成为当时英国最年轻的议员，此时，丘吉尔 26 岁。丘吉尔尝到了梦想初绽的喜悦，在议会的位置上，他选择了父亲曾坐的位置，以示纪念。

虽然政治的旋涡风险难测，稍有不慎就可能被浪头掀翻，但风头正劲的丘吉尔在仕途上从不吝惜自己的观点，滔滔不绝的演讲随时都能发出他卓尔不凡的声音，只要自己认为正确，他就要按照既定的方向走下去。

他的固执使很多人失去了颜面，甚至自己所在的党派——保守党也对他发出了嘲笑的声音，视其为不受欢迎的人，甚至取消了他作为保守党成员的资格。这显然是个挑战。但丘吉尔绝不退缩，因为他的目标是站在最高的位置。当对立的自由党向他伸出欢迎的手臂时，他勇敢地迎了上去，他加入了自由党。1905 年 12 月，自由党在选举中获胜，随之，丘吉尔的机会来了。

当首相组阁想让丘吉尔做财务大臣这个仅次于首相的职务时，丘吉尔却超乎常人所能理解地婉拒而选择了殖民地事务次官这个初级大臣的职务，这是丘吉尔明智的选择。此时，丘吉尔 31 岁。

对于殖民地事务次官的选择，丘吉尔有自己的考虑，他在给从前的一位老师的信中写道：“这不是一个重要的职务，但它却充满了挑战，它只有两种可能性——彻底完蛋或巨大成功。”

放弃高位选择冒险，这正是丘吉尔个性的充分表达。

果然，丘吉尔以其出色的表现赢得了赞誉，人们把他父亲当年的绰号赋予了他，称其为“伟大的年轻人”。

仕途的历练,丘吉尔更加成熟。1908 年,丘吉尔被任命为贸易大臣,正式进入内阁,此时,他 33 岁。而随后的如意婚姻、夫人的悉心相助,更使他如虎添翼。在贸易大臣的位置上,丘吉尔保持了一贯的行事作风,完成了许多富有挑战的工作,也颇受非议,但他都我行我素。

世界风云变化莫测,第一次世界大战来临前夕,丘吉尔清醒地判断,此战必然发生,而人们对此却不以为然。

出于丘吉尔对海军的关注以及他的必要工作,他出任了海军大臣,对海军进行了一系列的改革,英国海军的力量从此加强。

不出丘吉尔所料,一战终于爆发。借助海军的强大,英国在战争中取得了有利的位置,这也给丘吉尔带来了极大的声誉。但在后来的一次进攻达达尼尔海峡的战役中,由于各方协调失误,给英军造成很大损失,丘吉尔因此受到责难,被免去海军大臣职务,改任不管大臣——这个属于内阁成员却没有实际权力的职位。

这是个沉重的打击,丘吉尔痛苦异常。“不管大臣”谁都知道这是个什么职务,丘吉尔可不是那种能悠闲起来的人,这个职务对他来讲无疑是一种贬低。几个月后,人们的耳畔传来一个震惊的消息:丘吉尔辞去了大臣的职务,去法国参加作战部队。看来,挫折之下的丘吉尔又开始行动了。

来到法国军队,丘吉尔主动要求到基层军营去见习。令人不解的是,鼎鼎大名的前英国海军大臣,居然极其乐意与士兵们一起摸爬滚打、站岗放哨,而且从不懈怠抱怨,总是精力旺盛。当他被任命为营长时,更是以一种积极乐观的态度给官兵以士气的鼓舞。

然而,战争形势的严峻又使丘吉尔的内心十分焦虑,他非常清楚自己的才能和职责,他意欲重新回到政治的舞台以施展自己的抱负。机会的来临是在首相的更迭之后。由于决策失当,战事不利,首相阿斯奎斯被迫下台,劳合·乔治担任新首相。丘吉尔被重新启用,担任军需大臣。获得了政治新生的丘吉尔精神饱满地投入了自己的岗位,以近乎狂人般的工作程度做出了出色的成绩,就连他的政敌都深为佩服。“我毫不怀疑丘吉尔尽了最大努力给部队提供所需的一切。他真的是足智多谋。”海格将军如是说。

经过四年零三个月的战争，1918 年 11 月 11 日，第一次世界大战以协约国一方的胜利宣告结束。在这场战争中，丘吉尔付出了所能付出的一切努力，只是，他自认让他得以有所作为的时间太少了。

没有了战争的硝烟，党派纷争则加剧起来。丘吉尔的政治生涯依然是起伏不定，1929 年，丘吉尔再次竞选失利，离开内阁，在随后的十年间，虽然他还是议员，但基本上无事可做，赋闲在家。于是，丘吉尔的演讲与写作的才能发挥了效力。

在这段时间里，丘吉尔写了许多文章表达自己的思想和主张，既有关于政治的，也有关于文学艺术的；最令人钦佩的是，丘吉尔创作了一部传记作品《马尔博罗专：他的生平和时代》，作品一经出版，立刻获得好评。

但是，丘吉尔内心从未放弃并最为关注的焦点是什么，他本人最清楚。作为议员，他的责任感让他不能不对世界时局和国家状况表达关切，尽管无人正视他，更不为他所动，但是，他依然以自己的方式表达他的观点。对于第二次世界大战的到来，丘吉尔已经有了非同一般的预见性，但对于他的想法，无人问津。“我们以吃惊和忧伤的心情看到：残忍的暴力和好战的狂热甚嚣尘上。”这就是丘吉尔在感受德国法西斯气氛之后发出的警告。

当德国从蠢蠢欲动到气焰嚣张时，新上任的英国首相张伯伦采取了妥协的绥靖政策，换来了虚假的和平，对此，丘吉尔在议会大声疾呼，让人们擦亮双眼，看清德国的狼子野心。然而，那些目光短浅的议员们却对丘吉尔斥责咒骂，因为丘吉尔的表现搅扰了他们的和平美梦。已经是年过半百的老人含泪冲出那令人痛心的议会该是个什么滋味呢？丘吉尔把呼声变成了实际行动，这也是他唯一能做的——与法国加强联系，为即将到来的战争争取盟友。

1939 年 9 月 1 日，德国突然发起了对波兰的入侵，9 月 3 日，英、法对德宣战，第二次世界大战全面爆发。

然而，丘吉尔并不震惊，这是他早就预料到的。由于丘吉尔的远见卓识，他的声望立刻提高，让他回到内阁的呼声不断出现；人们甚至打着“丘吉尔必须回来”的标语到议院门前请愿。于是，丘吉尔担当起了海军大臣的职务。任职上，丘吉尔尽其所能，竭力提升海军的战斗力。但英国对于战争的准备严重不足，以一个海军大臣的一己之力很难制止颓势。英国到了最危险的历史关头。丘吉尔，也只有丘吉尔能够擎得住这面反击的大旗，现在，群体意识都把目光集中在了丘吉尔身上，人们相信，只有丘吉尔能以超凡的智慧和顽强的毅力打赢这场战争。丘吉尔临危受命，出任英国首相，勇敢地肩负起了挽救民族于危亡之中的历史重任。

"我所能奉献的，只有热血和辛劳，眼泪和汗水……"我们所要达到的目的就是"胜利——不惜一切代价去争取胜利……"丘吉尔在首相就职典礼上做了慷慨激昂的演说，令群情沸腾。这是战时的动员，也是丘吉尔的人生信条。

敦刻尔克的大营救，为抗击法西斯保存了有生力量；不列颠之战，英国军民同仇敌忾、精诚团结取得了胜利；联合盟友一致对敌，取得了显著的成效；《联合国宣言》的签署，世界性的反法西斯统一战线建立。终于，第二次世界大战以法西斯的彻底失败告终。丘吉尔说过："一个人绝不可在遇到危险的威胁时，背过身去试图逃避，若这样做，只会使危险加倍。但是如果立刻面对它毫不退缩，危险便会减半。绝不要逃避任何事物，绝不！"对待法西斯的侵略，丘吉尔正是以这种决不后退的顽强精神和卓越的胆识，在最危难的关头迎接挑战，最终赢得了胜利，建立下了不可磨灭的功勋。

战后的丘吉尔依然怀着对政治的极大热情参与其中，任何风浪都动摇不了他勇往直前的决心。1951 年，在离任 6 年后，丘吉尔仍能以 77 岁的高龄再一次当选英国首相，可见其强大的精神力量。耗时 7 年完成的《第二次世界大战回忆录》更为世界留下了一笔宝贵的财富，因此，他也获得了 1953 年的诺贝尔文学奖。

代表胜利的"V"字就是丘吉尔在二战时的发明，他把这个字母的永恒意义写在了自己的人生之路，也以他的精神感染世人：决不后退，胜利就是属于你的。

逐梦箴言

自信是成功的原动力，当自信充满心间，成功就离你不远了。丘吉尔的人生之路大起大落，但他始终充满信心和勇气地走了下去，而绝不向命运低头，辉煌的巅峰就在前面。

知识链接

第二次世界大战：德、意、日法西斯国家发动的人类历史上空前规模的世界战争。先后有 60 多个国家和地区、20 亿以上的人口卷入战争。1939 年 9 月 1 日，德军向波兰发动进攻，9 月 3 日，英、法对德宣战，第二次世界大战全面爆发。1945 年 8 月 15 日日本宣布无条件投降，9 月 2 日，日本签署投降书，标志大战结束。

智慧心语

命运不靠机缘，而是靠你的抉择。命运不是等来的，而是争来的。永不，永不，永不屈服。

——丘吉尔

勇气很有理由被当作人类德性之首，因为这种德性保证了所有其余的德性。

——邱吉尔

患难可以试验一个人的品格；非常的境遇方才可以显出非常的气节；风平浪静的海面，所有船只都可以并驱竞胜；命运的铁拳击中要害的时候，只有大勇大智的人才能够处之泰然。

——莎士比亚

最好是把真理比作燧石，——它受到的敲打越厉害，发射出的光辉就越灿烂。

——马克思

马克思与燕妮

第六章

锻造梦想历兵火

项羽

导读

“兵者，国之大事，死生之地，存亡之道，不可不察也。”这是《孙子兵法》开篇之语。

纵观古今中外历史，军事不但是事关国家的大事，也是事关天下的大事。人类有史以来，发生过的战事数不胜数。而重大的战争则在人类发展进程上起到了至关重要的作用。作为领袖人物，如何认识战争、把握战争，既显示他们的军事才能，又左右他们的人生走向。他们的梦想也在战争中经受血与火的考验。

孙子

兵家之祖孙武

我国春秋末期思想界上空，有三颗明亮的星体，他们分别是孔子、老子和孙子。孙子即为孙武，在军事科学中概括和总结出了异常丰富、多方面的哲学道理，留下不少珍贵的论兵、论政的篇章，被后人尊称为“兵家之祖”。

孙武，字长卿，公元前535年左右出生于齐国一个军事贵族家庭，祖父孙书和父亲孙凭同在朝中为官。长辈为他取名“武”，武的字形由“止”“戈”两字组成，能止戈才是武。古兵书上说“武有七德”，即武力可以用来禁止强暴，消灭战争，保持强大，巩固功业，安定百姓，协和大众与丰富财物。长辈希望孙武将来也像他们一样，成为国家栋梁。

孙武自幼聪慧睿智，机敏过人，勤奋好学，善于思考，富有创见。他总缠着祖父和父亲讲打仗的故事，而且百听不厌。时间一长，在一旁侍候孙武的奴仆、家丁也都学会了，祖父和父亲不在家时，孙武就缠着他们讲。除了听故事，孙武最大的爱好就是看书。孙家收藏的兵书非常多，上自黄帝、夏、商、周，下到春秋早、中期有关战争的许多竹简，塞满了阁楼。孙武爬上阁楼，把写满字的竹简拿下来翻看，有不明白的问题就请教家聘的老师，或者直接找祖父、父亲问个明白。

有一次，孙武读到“国之大事，在祀与戎”，他就跑去问老师：“先生，祀是什么？戎是什么？”老师想今天孙武问的问题倒是简单，于是随口说：“祀是祭祀，戎是兵戎。”孙武接着问：“祭祀是种精神的寄托，怎么能和兵戎相提并论为国家的大事呢？”老师顿觉奇异，一时答不出来。孙武接着说：“只有兵,才是国家的大事,君臣不可不察的大事。”小小年纪的孙武,已经对军事表现出独特的天赋。

孙武长到8岁开始接受系统的基础知识教育。由于受尚武精神的影响,齐国从国君到士兵,向来以“射”术和“御”术的高低为荣辱。要想出仕入相,为国家重用,首先必须练好这两门科目。孙武对“射”和“御”投入了比其他学生多数倍的努力,他刻苦练习,废寝忘食,冬练三九,夏练三伏,希望长大后像父辈那样,成为一名驰骋疆场的大将军。可惜当时齐国内乱不止,齐国的贵族田、鲍、国、高四族之间发生了较大的矛盾及斗争,孙武报国无门。

公元前515年,吴国公子光在伍子胥的辅佐下夺得吴国王位,称阖闾。阖闾胸怀大志,礼贤下士,还广泛地搜罗人才,立志要称雄天下。18岁的孙武看到了希望,毅然离开齐国,长途跋涉到吴国,并得到伍子胥的推荐,带着自己撰写的兵法十三篇见到吴王。吴王看后,赞不绝口,但却想考验一下孙武是否能将这些理论运用于实战,便对孙武说:“你的兵法十三篇,我已经逐篇拜读,实在是见解独到,令我耳目一新,受益不浅,但不知实行起来如何呢?”孙子便说:“可以用后宫的宫女试验一下。”吴王同意了。

于是,吴王召集一百八十名宫中美女,请孙武训练。孙武将她们分为两队,用吴王宠爱的两个宫姬为队长,并叫她们每个人都拿着长戟。队伍站好后,孙武便发问:“你们知道怎样向前向后和向左向右转吗?”众女兵说:“知道。”孙武再说:“向前就看我心胸;向左就看我左手;向右就看我右手;向后就看我背后。”众女兵说:“明白了。”于是孙武命人搬出刑具铁钺,三番五次向她们申戒。说完便击鼓发出向右转的号令。怎知众女兵不单没有依令行动,反而哈哈大笑,她们把这次排练当成一场闹剧,以为那些杀人的刑具,也都是假模假势吓唬人而已。

孙武见状说:“解释不明,交代不清,应该是将官们的过错。”于是又将刚才一番话详尽地再向她们解释一次,希望众宫女能重视军事,认真对待排练。再而击鼓,发出向左转的号令。众女兵仍然只是大笑,更有甚者丢掉军装,坐到地上休息、闲聊,根本不听军令。天气炎热无比,有的宫女还嚷嚷着,想回宫中休息。

孙武便说:“解释不明,交代不清,是将官的过错。既然交代清楚而不听令,就是队长和士兵的过错了。”说完命左右随从把两个队长推出斩首。直到这时,两位被临时任命为队长的妃子也没害怕,因为她们知道吴王宠爱她们,根本不会让孙武胡作非为的。反之,由于得罪自己,吴王必定会惩罚孙武。

吴王见孙武要斩他的爱姬,这才感觉到问题的严重性,赶紧派人向孙武讲情,希望孙武网开一面;而且承诺说自己已经知道孙武的才能了,今日的演习可以结束了。

可是孙武一脸严肃,郑重其事说道:“我既受命为将军,将在军中,君命有所不受!”他非常清楚,如果此次破例,就会有下次破例,那么军威何在?如果吴王是位明君,必定会理解他的苦心。于是把自身安危置之度外,依然坚持把两位女队长斩首;同时,再命两位排头的为队长,继续操练。自此以后,众女兵认真操练,再不敢儿戏了。当孙武再次击鼓发令时,众宫女前后左右,进退回旋,跪爬滚起,全都合乎规矩,阵形十分齐整。

吴王虽然失去了两名爱姬,但看了孙武所操练的阵法后,明白了孙武是能帮助他成就霸业的难得将才,最后还是拜孙武为将军。从此,孙武有了施展才能的广阔天地,不但治军讲武,勾画富国强兵的蓝图,而且亲上战场,为吴国立下了赫赫战功。《史记 · 孙子吴起列传》对孙武的战绩概括为“西破强楚,入郢,北威齐晋,显名诸侯,孙子与有力焉”。

“西破强楚”指的是前506年发生的吴楚柏举之战。此战是春秋末年吴楚之间的一次大战,在取得攻占安徽舒城的胜利时,吴王即准备发动大规模的伐楚战争。但孙武认为当时楚国实力还很雄厚,而吴国的军队又因连年作战未及休整,将士非常疲劳,伐楚时机尚不成熟,伍子胥支持孙武的意见。同时,孙武建议,将全国军队分成三个部分,轮番袭击楚国,以消耗楚国的实力。吴王最终接受了孙武的主张。吴军分成三部,互相轮换,反复袭扰楚国边境。经过六年的骚扰,楚国的军队被搞得疲惫不堪,士气低落,戒备松懈,为最后伐楚提供了有力的条件。恰在这时,楚军进攻蔡、唐两个小国,两国抵挡不住,向吴国求援。而吴国此时已占领淮河上游的战略要地安徽凤台和钟离,控制屏蔽了楚国东境,如与蔡、唐两国结盟,用它们作掩护，吴军便可从淮西平原西进，借助大别山的荫蔽，迂回攻入楚国防御薄弱的东北部。于是吴国答应了蔡、唐的请求，出兵进攻楚国。

前 506 年，吴王阖闾亲自带兵出征，并任命孙武为主将，伍子胥为副将。他们率领吴军主力三万余人，沿淮河逆流而上，进抵汉水岸边，与楚军隔河而阵，楚军惨败。吴军乘胜追击，又五战五捷，攻占楚国都城。此战是孙武参与指挥的一次最重要的战争，它给长期称雄的楚国以沉重打击，改变了春秋时期群雄之间的战略格局，为吴国争霸中原创造了条件。此次战争之后，孙武名扬天下。他提出的许多战略战术思想，诸如“兵者诡道”、“上兵伐谋”、“避实就虚”、“因敌制胜”等，在战场上都得到了充分的印证。

孙武为吴国效力了 30 年，他指挥吴军以少胜多，后来又帮助吴王在“渑池会盟”中取代晋国成春秋霸主之一，这就是“北威齐晋，显名诸侯”。随着吴国霸业的蒸蒸日上，吴王夫差渐渐自以为是，不纳忠言，听信奸臣的挑拨，不仅不理睬伍子胥的苦谏，反而制造借口，逼其自尽。孙武深知“飞鸟绝，良弓藏；狐兔尽，走狗烹”的道理，对伍子胥惨死的一幕十分寒心，于是便悄然归隐，息影深山，根据自己三十年戎马生涯，修订其兵法十三篇，使其更臻完善。

孙武主张“慎战”。在《孙子兵法》中开宗明义便指出：“战争是国家的大事，关系到人民的生死，社稷的存亡，是不可不慎重研究悉心考虑的。”孙武又警告国君不可因愤怒而兴兵，将帅也不可因恼火而交战，一定要瞻前顾后，以国家利益为尺度作出决策。他提出了“知彼知己，百战不殆”这个著名论断，认为一定要对自己的实力和对方的情况了如指掌，随时随地掌握对方的动态变化，采取相应的应变措施，才能取得战争的胜利。他又提出了集中优势兵力打歼灭战的主张，认为不管敌我总体力量对比的强弱如何，一定要创造机会，造成我在局部兵力上的优势，以十攻一，以众击寡，全歼敌方……这些光辉的军事思想和军事论断都备受军事家们的推崇。

太史公曰：“世俗所称师旅，皆道孙子十三篇。”现在，《孙子兵法》不仅被运用于军事领域，还被推广运用于社会的各个领域，尤其在企业经营管理中得到了广泛的运用。由此来看，孙武被古今中外一致尊崇为“兵家之祖”，是当之无愧的。

逐梦箴言

“故三军可夺气，将军可夺心。”千古奇才孙武，在阴谋与背叛中练就惊人才华，在烽烟四起的战场上纵横驰骋，在诡谲叵测的宫廷中艰难生存，在功成名就后飘然归隐相忘于江湖。用心血浸透的传世名著《兵法十三章》，成为中国军事文化遗产中的璀璨瑰宝，成为中国优秀文化传统的重要组成部分。“能行之者未必能言，能言之者未必能行”，孙武用一生的坚忍、勤奋、努力和执着，谱写了“兵圣”的不朽传奇！

知识链接

孙膑：传为孙武后代，其本名孙伯灵，是中国战国时期军事家。曾与庞涓为同窗师从鬼谷子学习兵法，后庞涓为魏惠王将军，因嫉贤妒能，恐孙膑取代他的位置，骗孙膑到魏使用奸计，孙膑被处以髌刑。齐王欣赏其兵法韬略，后被齐国使者偷偷救回齐国，被田忌善而客待。后通过田忌赛马被引荐与齐威王任为军师。指挥著名战役“马陵之战”，身居辎车，计杀庞涓，打败魏军。著述有《孙膑兵法》，古称《齐孙子》，是继《孙子兵法》后“孙子学派”的又一力作。

三令五申：我国古代军事纪律的简称，最早出自《史记·孙子吴起列传》。所谓“三令”，一令观敌之谋，视道路之便，知生死之地；二令听金鼓，视旌旗，以齐其耳目；三令举斧，以宣其刑赏。所谓“五申”：一申赏罚，以一其心；二申视分合，以一其途；三申画战阵旌旗；四申夜战听火鼓；五申听令不恭，视之以斧。“三令”与“五申”的原意是教育将士应该在点阵中或军事行动中明确作战守则。如今，“三令五申”是再三地向下级命令告诫的含义。

雄霸四方

作为军事家的拿破仑，一生立下了赫赫战功，威震四方。

拿破仑的战例首先是从法国吐伦港战役开始的。当时，法国大革命爆发，成立了新的革命政府，但仍然有一些反对派在国外势力的支持下占据在吐伦港与政府军对抗。

当时，拿破仑作为一个炮兵上尉正准备归队复命，在吐伦港郊外了解到了前方战事的严峻。而后，拿破仑做出了一个由此左右了他一生命运的决定——他要做这场攻坚战的炮兵指挥官。

真可谓时势造英雄，他毛遂自荐地当上了这个指挥官的职务。但是，他将要率领的却是一群军纪松垮，近乎乌合之众的军人。拿破仑看到了这一点，但他还是自信可以完成这个任务，毕竟从少年起他就用心读书，潜心钻研，纸上谈兵总不如实战真切。他尽可能地做了战前准备。此时，拿破仑的军事才能已经露出端倪。而战斗开始后的情形则让人们看到了一个英雄般的人物，在一块"不怕死的勇士"的牌子旁，冒着战火硝烟岿然屹立的是督战的拿破仑指挥官。他判断精准，指挥有方军队士气大振。

经过数日的浴血奋战，拿破仑率领他的部队终于拿下了吐伦堡垒。这次战役，拿破仑的战法得到了初步验证，他的英勇无畏的精神大显光彩。

一战成名，拿破仑被提升为炮兵旅长，其英雄事迹传遍了巴黎。

在后来的一次平叛中，拿破仑又立下功绩被晋升为陆军中将。从此，兵权在握的拿破仑开始了他十几年的各种战事。

当时的法国，依然受到来自欧洲一些国家的军事威胁，主要是英国和奥国，最为切近的是来自意大利方面的奥军的威胁。

在拿破仑婚后的第三天，他被任命为意大利远征军指挥官。

摆在眼前的现实是，奥军具有强大的实力，人们大都认为，以法军的现状去攻打奥军，犹如以卵击石，可是，当时只有27岁的拿破仑却雄心勃勃。

一支驻扎在阿尔卑斯山脉达三年之久的法国军队等待着拿破仑的统领。当拿破仑来到军中，这支军队的现状不免让拿破仑心生气馁：老弱病残，毫无生气，给养不足，军纪乱差。即便如此，拿破仑还是计划带着这三万六千名士兵、四千匹瘦马、二十四门山炮和不到三十万法郎的军费，越过白雪皑皑的阿尔卑斯山脉向意大利进发。

这真是个惊人之举，几乎到了无法实现的疯狂程度，军中难见赞同的声音。但是，拿破仑就是要“知其不可为而为之”，决心锐不可挡。

出发前，拿破仑做了一次鼓动性极强的站前演说，给军队注入了豪迈的精神，然后，向着积雪的阿尔卑斯山挺进。

拿破仑的计划是冒险的，但正因为如此，才具有出其不意的可能，而且，拿破仑早就对如何越过阿尔卑斯山脉做过研究。

在艰难越过阿尔卑斯山脉之后，拿破仑的军队攻其不备，立刻击垮了萨丁尼亚王的大军，使后者接连后退，最终只得寻求与拿破仑的合约。接下来，拿破仑所要面对的是真正的强敌——奥军，双方在横跨阿多河的桥上展开了关键的一战。作为指挥官的拿破仑，被士兵们称作“小伍长”，因为在战斗中，他常常像个伍长一样身先士卒，冲锋陷阵，深得众将士的钦佩。

此战，在“小伍长”的率领下，法军取得了决定性胜利，士气大振。拿破仑本人更是自信心大增，对自己具备了改造军队的影响力而感到欣慰，甚至还有了一些百战百胜的信心。

当时的意大利是被奥军侵略的，因此，政治形势对法军是有利的，在这样的形势下，法军一路突进，所到之处又纪律严明，受到了民众的欢迎，最终击退奥军，迫使其签订合约。

在这一系列的战斗中，拿破仑的生命安全受到了将士们的保护，甚至有人为此献出了生命,拿破仑感动至深,发誓要与将士们同甘共苦。这支远征意大利的军队,经过战斗的洗礼,也从原来的疲弱的状态下走出来,一跃成了一支欧洲劲旅。

战事的煎熬,加上多种疾病缠身,拿破仑的身体受到了极大的摧残,但是,他用钢铁般的意志和上升的欲望支撑住了,作战计划依旧延续。

由于拿破仑的胜利,缓解了外敌对法国的威胁,1797 年 12 月 5 日,当拿破仑回到法国时,受到了法国民众英雄般的欢迎。但是,还有一个更加危险与强大的威胁,那就是竭力反对法国革命的英国,当时的英国凭借自己强大的海军力量正准备在地中海一带实施独霸海上的计划。对此,拿破仑非常清楚。然而,就法国海军的现状来看,进攻英国是没有任何可能性的。于是,拿破仑的心中酝酿的一个庞大计划浮出了水面——远征埃及,从外围打破英国的战略。

1798 年 5 月 19 日深夜,拿破仑率领着三万八千名士兵四十八艘军舰和三百八十艘运输舰从吐伦港出发,开始了对埃及的远征。

一路之上,法军遭到了英国海军的围追堵截,拿破仑指挥军队与英军巧妙周旋,幸运的是,他们居然到达了目的地。法军首先占领了亚历山大城,随后一路前行进入开罗。在这个过程中,法军受到了来自当地武装的抵抗,加上在沙漠、酷暑中的艰难行军,很多将士失去了性命,部队曾一度出现厌战退缩的情绪,但拿破仑却始终是坚定如一,既然已经来了,他是宁死也不会后退的。

此时,传来了一个令人惊恐的消息,拿破仑带来的海军舰队被英国舰队击败,几乎全军覆没。法军的后路被切断了,他们只能望洋兴叹而无法再回到自己的国家了。拿破仑的军队成了沙漠里的一群孤魂,士气顿时低落到谷底。如果此时的拿破仑也沉陷在这样的士气里,那么,法军恐怕再也没有回头之日了。

就是在这样的困境中,拿破仑依旧做出了大胆的计划并付诸实施,他率领着军队一路向前攻打叙利亚,击溃了土耳其军,进入巴勒斯坦,攻陷了加沙城,一度接近了叙利亚平原。可是,经过数月的苦战,将士死伤严重,传染病肆虐，拿破仑只好回师埃及。

此时，土耳其军队在英军的支援下趁势来袭，竟然被拿破仑用计彻底击溃，一万七千人的军队全军覆没。拿破仑的声名令敌军畏惧，他的军队越战越勇。这样，有了谈判的条件，拿破仑与英国舰队缔结了停战条约。

由于法国国内形势出现了严重的危机，拿破仑决定突围埃及回国。仅凭法军所剩两艘军舰，带着五百名军人突围，拿破仑开始了巨大的赌博。但是，这次拿破仑又胜利了。虽然签订的停战条约，但英国军舰岂能放过拿破仑。茫茫的大海之上，拿破仑的军舰还是巧妙地躲过了二十二艘英国军舰的围追堵截，最终回到法国吐伦港。

1800 年 5 月 6 日，拿破仑开始了他的又一次远征，此时的拿破仑已经是法国第一执政官了。这次的远征所针对的依然是久而未决的来自奥军的威胁。拿破仑的战术还是攻其不备，率领着四万名预备军，开启了再次翻越阿尔卑斯山的壮举。法军艰难战胜了路途的种种困境，当他们从天而降出现在背后时，奥军还在梦里。法军一路攻城拔寨，向前推进。终于，著名的马连戈平原之战开始了。

法军面对的是大炮多于自己六倍的奥军，实力的悬殊可见一斑。法军经过多次冲杀，甚至拿破仑的卫队都冲到了阵前，但于事无补，节节溃败。眼看着大势已去之时，法军的六千名援兵突然出现，给了法军一线生机。拿破仑不失时机地果断发布了全力冲杀的命令，并率先冲向敌阵，一时间，已经四散奔逃的士兵纷纷返回，向着敌人杀去。这突如其来的变化令奥军难以应对，面对决死一拼的法军将士，奥军渐渐无法支撑，最终放弃了战场。拿破仑扭转乾坤般地再一次取得了胜利。

马连戈平原之战是极为关键的一战，经过此战，拿破仑和他的军队更是威名远扬，由此，很多国家纷纷与法国缔结了休战盟约。

然而，战争的暗流始终都没有停止过涌动。

拿破仑称帝后，来自英国的压力日益增大，拿破仑也痛切地感到，英国始终是法国最重要的敌人。他制定了一个渡海打击英国的庞大计划，可是，就在计划展开的过程中，奥军的威胁又刻不容缓地摆在了面前，拿破仑只得迅速转身去突袭奥军。正当奥军在边境集结兵力的时候，已被法军包围了，随后的三个星期里，奥军步步后退，直到八万大军缴械投降。接下来，拿破仑率领法军与奥俄联军在奥斯特利斯展开激战，法军充分利用天气条件，给敌军以重创，终于使奥国皇帝放弃抵抗，与拿破仑讲和了。

兵者，国之利器。只有审时度势，合理用兵，才能百战不殆。用兵，其本质常常与国家政治紧密牵连。

拿破仑的军队所向披靡，他本人已经是常胜将军了。

此时，在政治上，拿破仑已经具有了统一欧洲、建立庞大帝国的野心，而作为法国皇帝，他的野心完全可以左右法国的政策。

1806年10月，拿破仑发布了旨在孤立英国的"大陆封锁令"。但这道旨令并没有带来什么效果，反倒引来了许多更糟的结果。之后，导致了拿破仑进攻波兰，引来俄国参战，战场伸向俄国冰雪交加的广大平原。尽管拿破仑此番取得了对俄国战争的胜利，使得俄国皇帝与他握手言和，但俄国冰雪平原上的战争场面却成了法国士兵永远的伤痛。

随着拿破仑皇帝的野心日益膨胀，各种隐忧逐渐显现出来，内忧外患接连不断，法军也面临着四面出击的局面。如果说在此后拿破仑还有什么重大战例的话，当属长途奔袭，征战俄国了。

出征前拿破仑做了周密的部署，他集结了能够辖制的六十多万的欧洲兵力，进发俄国。

但是，长途的追踪，在那广阔的俄国大平原上并没有敌人的影子，没有敌人的战争是令人气馁的。茫然无措的军队所遇到的只有酷热和寒冷交织成的侵袭，疾病和逃跑使战斗力大减，士气低落。就连拿破仑本人也出现了少见的焦虑、不安，甚至疯狂。他们占领的工厂和村庄都是大火烧毁的余烬，他们无法得到补给。

终于，拿破仑的军队在莫斯科附近与俄军遭遇。即使浴血拼杀即将开始，远征军还是感到兴奋，毕竟是来征战的。但在这时，军队的统帅拿破仑却病倒了。在随后的战斗中，拿破仑变得疲惫不堪，似乎对战事都无暇顾及了，平日里那英勇果敢的军事天才不知消失在了何方。这是一场无所谓结果的战斗，毕竟，拿破仑的军队即将进入莫斯科。拿破仑的病情好了许多，看到莫斯科，他更是精神抖擞起来。进入莫斯科的拿破仑以胜利者的姿态等待着敌人的求和，但是，他错了，莫斯科早已是空城一座，拿破仑终于明白了，这是个陷阱啊！当夜，莫斯科城燃起了连绵的大火，烧了五天五夜，整个城市所剩无几。到现在，拿破仑已经失去了当年征战埃及的豪情，回国成了他的首要选择。远征莫斯科的军队只有考虑撤退的路了。再回撤的途中，拿破仑的军队遭俄军追击，几经危险，人数锐减，甚至拿破仑本人都差点丢了性命。最终，拿破仑回到了巴黎。

至此，“拿破仑的战争”开始走近尾声。在后来的皇权保卫战的过程中，虽然拿破仑军队的战斗力依然顽强，取得过可观的胜利，但是，拿破仑还是没能保住自己的皇位，最终宣布退位。

可见，对战争的把握往往决定一个国家的命运，也左右一个人的命运。

逐梦箴言

拿破仑以赫赫战功雄霸四方，堪称天下奇迹。但是，战争似一台喷火的机器，一旦启动，如果失去控制，将出现无法预知的结果。拿破仑成也战争，败也战争。

知识链接

巴黎凯旋门：巴黎凯旋门位于星型广场中心，是拿破仑为纪念他在奥斯特利茨战役中大败奥俄联军的功绩，于 1806 年 2 月下令由夏尔格兰负责动工兴建的，是欧洲一百多座凯旋门中最大的一座，为巴黎四大代表建筑之一。

智慧心语

一个骄傲的人，结果总是在骄傲里毁灭了自己。

——莎士比亚

有必胜信念的人才能成为战场上的胜利者。

——希金森

从来就不存在好的战争，也不存在坏的和平。

——富兰克林

赢得战争只不过是使和平有一个良好的开端。

——罗·勃朗宁

要进行战争只有一个借口，即通过战争我们可以生活在不受破坏的和平环境中。

——西塞罗

战争的目的必须是为了和平。

——亚里士多德

第七章

成就梦想施伟略

盖乌斯·尤利乌斯·恺撒

导读

伟大梦想的实现并不是平空而来的，往往需要高超的智慧和卓越的才能。历史上的许多伟大人物，就是在生活中不断学习，不断积累，最终以杰出的才智成就伟业，实现梦想。

我来过，我看见，我征服

公元前60年的某一天，在古罗马城内的一个深宅大院里，有三个男人聚在一起，其中的一位40岁左右的中年人面带刚毅的神色，庄严地举起右手，发誓说道：

“为了罗马的前途，为了罗马的民主，我发誓，愿与二位携手并肩，同贵族元老院斗争到底！”

这个发誓的人名叫恺撒，当时担任罗马的大祭司长，而另外的两个人一个是庞培，一个是克拉苏，他们三人是掌握罗马共和国实权的主要人物。这次的共结秘密联盟，史称“前三头同盟”。

这次聚首是恺撒政治生涯的重要里程碑。

恺撒，全名为盖乌斯·尤利乌斯·恺撒，贵族家庭出身。恺撒从小就受到良好的教育，天资聪颖，智慧过人。其长辈多有从政经历，其姑父马略还是当政的显赫人物。

年少时，恺撒就立下了远大的抱负，并具有强烈的权力欲，希望自己将来会有一天登上罗马的政治舞台施展才华。因此，他不断学习，刻苦训练，既培养能力，又磨炼意志。他还学习讲演和写作技巧，后来成为一位出色的演说家，学生时代就已经公开发表文章。他的努力使他成为了当时知识最渊博的人物之一。16岁时他已在政治方面有了自己坚定的主见。19岁时，恺撒投身军界，历经十年的戎马生涯，这不仅增长了他的军事才干，而且磨炼了他的意志品质和坚毅精神，这为恺撒后来执掌兵权，施展抱负打下了良好的基础。

恺撒生活的年代，是个动荡不安的年代。自公元前2世纪以来，从一个城邦发展起来的罗马共和国，已走在了历史转折的十字路口。疯狂扩张和阶级压迫已使国内外矛盾日益激化，奴隶主贵族元老们集体议政的共和体制徒有其表，已难以应付内外交困的形势。改革的呼声日渐高涨，主张改革的民主派与保守的共和派的斗争逐渐激烈。

时势造英雄，恺撒就是在这样的历史环境下登上历史舞台的。在那个等级森严的社会中，由于恺撒具有良好的家庭身份和社会关系，加上个人的优良素质，使他如愿登上了政治舞台。

恺撒从政的开始只是做了一名低级军事保民员。

但简单的从政岂是恺撒的抱负。当他作为财政官出任西班牙时，曾见过亚历山大大帝这位心目中的英雄的塑像，联想到亚历山大在自己这个年龄就已征服世界，而自己还无所作为，不禁感慨万千，随即便请求解除自己的职务，离开了西班牙。

由于亲戚的关系，恺撒一开始登上政治舞台，就受到了民主派的影响。当时罗马的民主派代表人物马略是恺撒的姑父，秦纳是恺撒的岳父。

有一次，恺撒曾因公然支持当时的罗马独裁者、共和派贵族头子苏拉的政敌马略，受到苏拉的打击被迫离开罗马城。但就在这段时间里，他依然能够修炼自己，积极为下一步做准备。

苏拉死后，恺撒重返罗马，受到了罗马人英雄般的欢迎，从此他青云直上。恺撒深谋远虑，为自己的下一步前程做充分准备，他散尽了全部的家财，且负债累累，只为收买人心。

他积极活动，罗织人脉。

他那卓越的演说才能产生了极强的煽动力；加之慷慨大度的作风，刚毅果决的性格，这些都使恺撒赢得了罗马平民的如潮好评，获得了巨大声誉，成为进一步施展抱负的坚实基础。

从开始的小小保民官到罗马财务官、市政官、大祭司长、大法官，恺撒已经成为了罗马共和国的实权派人物。

随后，通过一系列的政治活动，恺撒的声望与日俱增。

但是，罗马政局一直被贵族元老院所左右，为了改变这种局面，恺撒等人秘密结盟，于是出现了与庞培、克拉苏的三人同盟。

庞培在三人同盟中威望最高，恺撒把女儿许给了庞培，加固了三人同盟的关系。

不久，恺撒被任命为高卢总督，下辖四个军团两万多人。而后，恺撒以其杰出的军事才华和勇猛的作战风格，用了不到十年的时间，把高卢变成罗马的一个省。他穿过莱茵河，征服了德国的一部分。恺撒的军队甚至还到达了被罗马人视为荒芜之地的不列颠，并在那里建立起殖民地。

恺撒以显赫战绩和卓越的军事天才，赢得了罗马人的广泛瞩目和极高赞誉，被视为英雄。罗马人热切期盼着恺撒的凯旋。

在距恺撒高卢任期即将届满的时候，曾是三人同盟之一的庞培感到了威胁。以恺撒此时的声威，如若回到罗马，必将取代自己的位置并成为罗马的主人。而这一点也是元老院不愿意看到的。为了扼止恺撒的势头，铲除对自己的威胁，庞培联合元老院，颁布了一道命令让恺撒迅速返回罗马，交出兵权，否则就以"公敌"论处。其实，此刻他们已经把恺撒视为共同的敌人了。

以恺撒的智慧，他非常清楚这道命令的真实目的之所在。人生中最重要的抉择即刻摆在了面前。他有忠于罗马、忠于自己的军队，当然，这支军队的力量还远不及对手；他有期盼自己回去的罗马民众；最重要的是，他有自己的雄心壮志。现在最需要的就是勇气和决断了，而这正是恺撒的性格特征。

公元前 49 年 1 月，恺撒率领军队站在了国界线的卢比孔河边上，对岸就是意大利。选择就在此刻，就在这里。

恺撒知道越过这条河就等于对庞培和元老院宣战，结果如何呢？恺撒对自己抱定信心，少年的抱负、多年的政界和征战的经历在他内心积淀的夙愿正在心底上涌——他要成为这个国家的统治者。

他挥师过河。“我们越过了卢比孔河——”当他到达对岸进入意大利境内时，高声喊道，“就不会再回头！”这是一次抉择，也是一个宣战。他要继续他的战斗。

恺撒大军越过卢比孔河！消息传出，恺撒受到了英雄般的欢迎。当恺撒率领军队抵达罗马城的时候，并没有看到任何抵抗的军队。此时，仓促中的庞培和那些与恺撒为敌的元老们已经逃之夭夭。

但是，真正的斗争尚未开始，也远没有结束。

在恺撒的军队以势如破竹之势占领整个意大利后，庞培和大批贵族元老仓皇出逃希腊，并在那里号令各城邦，集结了大批军队。从此，历经四年的征战开始了。

公元前48年，恺撒与庞培在希腊决战，恺撒以远低于敌人的兵力力战得胜，乘胜追击到埃及。埃及国王出于畏惧，将庞培的人头割下献给了恺撒。

至此，恺撒已经没有了表面的敌人。

公元前46年10月恺撒返回罗马，正式宣布自己为终生独裁官。此外，他又取得了监察官、终身保民官、大祭司长等头衔，还被人送给罗马的“祖国之父”称号。他集政治、军事、司法和宗教大权于一身。

这期间，恺撒开始着手筹划一场声势浩大的改革运动：在整个罗马帝国内重新调配军队元老；让罗马的贫民到新社区去重新安家落户；他把罗马公民权扩大到新征服的几个民族中去；在意大利城市中建立起统一的市政体制，等等。这些都是恺撒的计划所包括的内容。以恺撒名字命名的“儒略历”就是现在大多数国家通用的公历的前身，该历法从那时起一直沿用至今，只是做了一些很小的修改，可见其持续影响力。

但是，后来发生的事情使恺撒没有机会再进行这些改革……

恺撒的独裁统治，使罗马一跃成为欧洲大国、军事强国。公元前44年2月有人要为他加冕，被他拒绝了。人们都把他看成是“无冕之王”。历史上也称其为恺撒大帝。

但由于他是一个军事独裁者，所以这并未给拥护共和制政体的反对派消除疑虑，一场除掉恺撒的阴谋正在酝酿……

公元前 44 年 3 月 15 日，阴谋者开始行动，在一次元老院会上恺撒被一伙阴谋者暗杀。

恺撒是历史上具有卓越智慧的政治人物之一，有着多方面的天赋。他英勇果敢，雄姿伟岸，潇洒倜傥。而雄心壮志则使他成为一位成功的政治家、杰出的将领、优秀的演说家和作家。描写征服高卢的《高卢战记》作为恺撒亲身经历的战争回忆录，让人充分地领略了恺撒军事天才的风采，对后世指挥用兵都有极大的启迪，堪称军事家的必读之作。《高卢战记》还以清新巧妙的笔触、简洁质朴的文风为世人称道，当属第一流的文学作品。

恺撒留下了一个强大的中央集权帝国，可以说，古罗马帝国之所以能成为影响整个欧洲乃至世界的庞大帝国，其开创者无疑是恺撒。“无冕皇帝”恺撒当之无愧。

“我来过这里，看过这里，也征服过这片土地！”这正是恺撒气吞山河、英勇豪迈的体现。

逐梦箴言

在一个人的一生中，有很多事情需要拿出勇气，尤其是在决定命运的时刻。恺撒做到了，而且成功了。因为，他的梦想在驱使他，这是他注定的选择。

知识链接

儒略历：现今大多数国家通用的阳历的前身，公元前46年儒略·恺撒决定采用，故名。每年平均长度365.25日，历年中的平均年为365日，4年1闰，闰年366日；每年12月，单月31日，双月30日，只有2月平年29日，闰年30日。其继承人奥古斯都从2月减去1天加在8月（因8月的拉丁名即他的名字奥古斯都），又把9月、11月改为小月，10月12月改为大月。儒略历历年比回归年长11分14秒，积累到16世纪末，春分日由3月21日提早到3月11日。后经罗马教皇格列高利十三世（Gregorius XⅢ）于1582年命人加以修订，而成现今通用的公历。

恺撒

■ 盛世明君——康熙大帝

自古以来，历代君王对自己王位的继承问题都极为看重，这是江山社稷能否延续的问题。

顺治十六年，顺治皇帝面对给自己请安的三个儿子，向他们问了每个人未来的志向。“等我长大了，要效法父皇，为国尽力。”只有二儿子6岁的玄烨的回答令他满意。仅仅过了两年，顺治十八年，年仅24岁的顺治皇帝驾崩，临终前把江山社稷交给了年仅8岁的玄烨，还为他选定了四位亲信大臣作为辅佐。他对玄烨说：“父皇就要走了，以后你就是大清的皇帝，好好治理国家吧。”

于是，玄烨成了清入关以来的第二位皇帝。年仅8岁即为皇帝，前路漫漫，可堪担当！但就是这样一位年幼的皇帝，成了中国历史上在位时间最长的皇帝，在长达61年的皇位上，以其雄才伟略成就了彪炳千秋的伟业，他就是康熙大帝。

玄烨自幼并不为父皇顺治帝看好，但天赋极高的玄烨却得到了祖母孝庄皇太后的宠爱，太后认为玄烨身上具有一股帝王气质，于是，在各个方面给玄烨以独特培养，从行为举止到诗书礼仪，都对玄烨进行训练，使玄烨在很多方面养成了良好的习惯。祖母的言传身教又使玄烨对祖上的历史和功绩心生崇拜之情，立志做一个像前辈一样的杰出人物。身为皇子的玄烨逐步树立起了继承祖业，以天下为己任的远大志向。

8岁的康熙皇帝还无法执掌国事，好在有父皇钦点的四位辅佐大臣可以替皇帝行使权力。然而,问题恰恰出在了这里。四位辅臣中尤以鳌拜势力最强,他以曾立下赫赫战功自居,独揽大权,而借皇帝年少之际集聚自己势力,图谋不轨。康熙五年的时候,康熙的一次微服出游使他真切地感到了来自鳌拜的巨大隐患。鳌拜依仗强权挑起的“换地风波”给百姓带来了严重的灾难,造成了大量土地荒芜,人心惶惶。而鳌拜的恶行却有增无减。并且,对于一个13岁的小皇帝,鳌拜狂妄的姿态已经在皇帝本人面前暴露无遗。

康熙已经感到了自己所面临的挑战。康熙六年,少年天子康熙正式亲政。这是康熙为了阻断四大辅臣擅权,剪除鳌拜所做的标志性行动。在鳌拜势力越发强横的境况下,康熙始终以祖母孝庄皇太后为依持,采取了一系列有力措施。他抓住一切机会让鳌拜充分暴露,好让人们得以认清鳌拜真实的面目和张狂的擅权行为,激起朝臣的不瞒情绪,同时,努力克制自己的愤怒给鳌拜以表面的安抚;用功读书锻炼体能,练就一身高强武艺;培植亲信少年团,训练武艺,组成贴身侍卫队。搜集鳌拜罪状,给未来的行动以依据。当鳌拜的图谋不轨充分暴露之际,康熙不惧危险,深入虎穴,亲自前往鳌拜宅邸体察真相,以确证鳌拜之狼子野心。一切都没有超出这个少年皇帝的掌控,抓获鳌拜的行动顺利完成。对于“阴谋叛乱,罪恶极大”的鳌拜,康熙采取了宽仁的做法,并没有处死,而是判其终身监禁;对鳌拜的党羽也给予从轻处理,杜绝连累无辜。

至此,人们看到了一个英明宽仁的少年天子居于皇位之上。

经过整治,康熙亲政下的清朝开始了强盛之途。

然而,忧患总是存在。接踵而至的就是以吴三桂为首的三藩之乱。

藩王问题长久以来一直是历朝历代的大问题,涉及国家的长治久安。康熙亲政之时,平西王吴三桂勾结其他二王企图叛逆的迹象已露端倪。为查明真相,康熙采取了一个赐婚策略。在皇族少女中选出一位庶出公主赐予吴三桂的长子吴应熊,并派重臣明珠为赐婚使前往藩地,名为送行,实为查探实情。

查探的情况表明,吴三桂正在做着反叛的准备。于是,康熙提前采取了积极的应对措施。

康熙十三年，吴三桂正式起兵反清，随后，福建的耿精忠、广东的尚之信跟着起兵，史称三藩之乱。

接报之后，康熙立即布置发兵平叛，成为实际的平叛总指挥。在誓师讨伐大会上，将士们看到了一位英姿勃发、神采飞扬的年轻皇帝。

自古以来，“水能载舟，水也能覆舟”为历代明君治国所谨记，康熙深明此中要义，他满怀治国安邦的豪情对大臣们说：“秦始皇用砖石做盾，朕把天下百姓当作长城。砖石长城今天已经破败，可是千万百姓还是永存。众卿要牢记朕今天所说的话。”一番话显示出了这位年轻皇帝的高瞻远瞩。

为了使讨伐行动顺利进行，康熙采取了一系列措施，牢牢把握主动权。发布讨逆檄文，昭告天下，做到出师有名；并严明征讨纪律，严禁滋扰百姓，并对遭受战乱的百姓加以帮扶。在军事上，加强对敌打击的同时，在政治上，对敌进行分化瓦解。扬州、嘉定曾是抗清重镇，康熙下令，对两地的民众大加安抚，为史可法等抗清将领建立忠烈祠，拿出银两抚恤当地百姓，赦免两地三年的钱粮。对于战败而降的耿精忠、尚之信下诏赦免，叫他们立功改过。

经过一系列的措施，使三藩之首吴三桂深陷于无义的孤立之中。康熙二十年，一场历时 8 年的三藩之乱终于结束。康熙以卓越的谋略和高瞻远瞩的风范平定了内乱，统一了南方。

理顺民心是康熙安邦治国的重要一环。为了有利于联络满汉间的民族感情，缓和矛盾，加强统治力量，康熙采取了一系列既行之有效，又具有长远影响的措施。

尊孔祭孔是康熙的一项显著的行动。在修缮孔庙，为其题写碑文时，康熙表达了对一代先师的仰慕之情：“我尊敬圣人，敬仰先师，诚信向往您那皎洁的品德和大海一样深广的智慧。”

在康熙写的《日讲四书解义序》中有这样的语言：“先王之道，在于仁政。孔子是圣贤，正是这个理论的倡导者。只有把‘仁’的道统和政治统治联系起来，才能实现真正的统治，守业成功。”可见，康熙从做人和为政两方面都对孔子表达了崇敬之意。从这点出发，康熙采取了实际行动，把尊孔崇儒推广到社会，而且颁布了一道著名的诏命《圣谕十六条》，其宗旨就是要效法古代贤明君主，以德治国。为此，康熙还设立机构，在制度上保障政策的实施。康熙的这些措施，在加强民族团结、教化民风、维护社会稳定上起到了根本的作用。康熙在位 61 年，取得赫赫政绩，是与他的治国理念紧密相连的。

康熙亲政后，在稳定国内基本形势的同时，还在消除外患和平定边疆叛乱上采取了一系列措施。对侵入我国黑龙江地区的俄国设立的据点雅克萨采取了有力的军事行动，并派军戍守，捍卫疆土，保持了东北边疆一百五十多年的和平稳定。对蒙古族准噶尔部的噶尔丹的袭扰和叛乱进行了数次打击，粉碎了叛乱，并设置将军和参赞大臣率兵驻守重镇，加强管理和统治。在西藏追剿、击败了占据西藏北部的准噶尔军队后，清朝分兵驻藏，并任命康济鼐和颇罗鼐二人协助达赖班禅分理前后藏事务，使中国西南部出现了一个较长时期的安定局面。

经济是国家生存与发展的命脉，对于经济的发展，康熙采取的措施首先是从减免税赋开始。他认为“家给人足，而后世济”。康熙对税收有独特的认识，从亲政伊始，就立即着手减免税收。他说：“明朝的灭亡，就是因为苛捐和税赋收得太多了。结果，害得老百姓穷苦不堪，只好起来推翻了明朝。”康熙引以为鉴，多次减免税收，进而在国力很宽裕的时候，于康熙五十一年，下了一道“永不加税”的圣旨。在此之前，还没有哪个皇帝敢这样做。这也体现了康熙仁爱的一面。

黄河经常泛滥，给百姓带来巨大灾难，也对经济发展构成威胁。康熙非常重视黄河的治理，他曾在宫殿的柱子上写下“河务、漕运、三藩”六个大字，可见，平定三藩都不如治理黄河、沟通漕运重要。在治理黄河的问题上，康熙亲自过问，挑选能人，拨放银两。对于治理情况，康熙还微服私访，亲临现场视察。对有功之臣大加奖赏。

从少年天子，到堂堂皇帝，经过康熙的励精图治，到了康熙皇帝在位晚年，国力大增，国势更强；社会安定，百姓安居乐业，出现了一派繁荣的景象，世称“康熙盛世”。

康熙六十一年(1722 年)，一代英明帝王康熙皇帝病逝，庙号“圣祖”。此前三个月，康熙曾下诏：“平安日久，勿忘战备。”

康熙五十六年时，康熙皇帝曾命人起草遗诏，对自己的一生进行了总结性评价，以昭示子孙。这个评价包含了以下内容：一是享年高寿，在位长久。二是尽心竭力，勤奋一生。三是运筹用兵，统一国家。四是力戒骄奢，节俭爱民。

逐梦箴言

在一个人可以权倾天下的时代，太平盛世局面的取得，无疑打上了康熙皇帝的个性色彩。唯有审时度势并不断精进，才可以在纷纭复杂的境况下获得主动权，成就一番伟业。

知识链接

《康熙字典》：在清朝康熙年间由文华殿大学士兼户部尚书张玉书及经筵讲官、文渊阁大学士兼吏部尚书陈廷敬担任主编，参考明代的《字汇》、《正字通》两书而写，是一套成书于康熙五十五年(1716 年)的详细汉语字典，重印至今不辍。

从游戏中走出的皇帝

“当——当——当”悲戚的钟声持续敲响。

这是1682年4月27日，在莫斯科克里姆林宫敲响的丧钟。丧钟为费奥尔多三世而鸣。随着这个14岁即位、体弱多病、只活到20岁的皇帝的离去，俄罗斯罗曼诺夫王朝出现了一时的皇权真空。

费奥尔多三世没有留下遗嘱，皇位没有确定的继承人。依照俄罗斯的传统，皇位应由他的弟弟16岁的伊凡继承，但伊凡是个低能儿。还有个异母弟弟彼得，健康聪颖，可还不满十岁。没有皇帝的政权，显然是人心难安的。

在大主教的主持下，皇宫的广场上聚集了无数的人，支持彼得的呼声淹没了拥护伊凡的声音，于是，10岁的彼得成为了俄罗斯新的沙皇，由其母纳塔利娅皇太后摄政。这个彼得就是俄罗斯历史上赫赫有名的彼得大帝。

彼得大帝出生于1672年5月30日，全名彼得·阿列克谢耶维奇，是老沙皇阿列克谢·米哈伊诺维奇最小的儿子。小彼得4岁时，老沙皇去世。

从不谙世事的小彼得登上御座那天起，皇位之争就不曾间断，骚乱频起，直至升级到围攻皇宫的地步。终于，纷乱止于一刻，于是出现了俄罗斯历史上罕见的一国二主的奇特情景：伊凡和彼得同为沙皇，同时坐在了两个嵌有宝石的御座上，伊凡为第一沙皇。而这一切的实际操纵者伊凡的姐姐大公主索菲亚，则成为具有最高权力的摄政王。显然，彼得的沙皇位子形同虚设。

随后，小彼得和母亲被赶出了克里姆林宫，不得已，在莫斯科郊外的一个村庄安顿下来。也就是在这里，小彼得开始了他的奇异的人生旅程。从这里开始，他走出了俄罗斯的愚昧无知和暗淡无光；走到了开阔的世界，又走回俄罗斯，引领着这个疲弱的国家走向前所未有的繁荣。

从这里走向了一个辉煌的顶点。

在皇宫以外的生活，使小彼得可以无拘无束地呼吸自由的空气。除了学习之外，他有很多爱好，能工巧匠们做的事情他都愿意尝试，也锻炼了很多能力。而他最大的乐趣就是游戏。在游戏之中，他获得了极大的快乐。虽属放逐但却自由的生活使小彼得有机会接触外界，借此，他结交了很多朋友，视野远远超出了俄罗斯皇宫狭小保守的天地。随着年龄的增长和阅历的加深，小彼得的游戏已经超出了一般游戏的范畴。他以游戏为起点成立的少年兵团，既有堡垒，也有枪炮，甚至还有当时俄罗斯人罕见的战船；经常性的演练作战，甚至使少年兵团具有了真正意义上的战斗力。

1689 年，17 岁的彼得已经长成一个真正的男人。这年，彼得结婚，按照俄罗斯皇室传统，沙皇婚后就属成人，摄政王必须交权，由继承皇位的沙皇亲政。可是，摄政王索菲亚拒不交权，最终还策动了一场企图废掉彼得，自己做女皇的政变。彼得和其拥护者果断采取措施平息了叛乱，登上了沙皇的御座。

彼得成为真正沙皇之后，国内形式一片混乱，彼得觉得自己还没有做好治理朝政的准备，所以并没有亲政，而是让其母纳塔利娅（纳塔利娅·纳雷什金娜）摄政，除非必须沙皇本人出席的重要场合他才出面，其余时间就又一头扎到他的游戏之中。

在彼得所处的时代，俄国是一个落后的国家，同西欧相比，几乎还在中世纪时期徘徊。

而彼得在游戏过程中的所见所闻，使他意识到了国家的落后官员的庸碌与顽固，与其在沙皇的位置上发号施令，不如真正地做一些有益的事情，以求得国家的改变。此时，“西欧文明”的概念已经注入到了彼得的意识中，他也在这种意识的带动下，探究着俄国贫穷落后的根源——教会势利的顽固和愚昧是他感受最深的地方。

在此期间，彼得广揽人才，任人唯贤，甚至外国人都能成为他的得力助手，逐渐形成了自己的势力——彼得帮。彼得对这个势力圈子给予充分信任，甚至可以将自己的生命托付于此。彼得还把主要的经历投入到制造舰船和建立海军上面。

彼得的母亲摄政王纳塔利娅去世后，彼得回到了俄国。此时，朝廷混乱不堪，百姓怨声载道。为了提高俄国的国际声誉，给国民以信心，彼得发动了一次收复被土耳其占领的亚速城以打通黑海入海口的战争，结果以惨败归来。彼得意识到，没有强大的海军是无法取胜的，于是，他发动了全国可资利用的资源，采取了一切必要的措施，全力以赴组建海军力量，在半年的时间内，一支颇具规模的黑海舰队创建完成。这样的速度是土耳其军队万万没有想到的。当俄国舰队再次出现在亚速城时，土耳其守军如梦方醒，仓促应战，走投无路，举旗投降。亚速城终于回到了俄国手中。

了却了一桩多年的夙愿，俄罗斯人的压抑得以释放，人们陷入了暂时的欢乐气氛中。彼得经过深思熟虑，决定亲自出国学习。当彼得把这一决定在克里姆林宫宣布之后，立刻在国内引起了轩然大波。这种“不合礼法”的决定，使彼得遇到了来自方方面面的阻力。但是，彼得踢开了一切绊脚石，毅然决然地组织起了一支由自己亲自带队的250人的庞大使团出访欧洲，其使命是向外国人学习，与外国人接触。彼得以留学生的名义化名出行。

历史证明，这次的欧洲一行，开启了俄罗斯未来的命运之路；彼得以其深谋远略和果敢践行为俄罗斯的改变找出了一条必由之路。

此次欧洲学习，彼得以一个留学生的身份接触到了许多沙皇无法触及的事物。在荷兰东印度公司做了一段时间的船长，也在英国造船厂工作过，在普鲁士学过射击。他走访工厂、学校、博物馆、军火库，只要有助于增长见识的事物，他都想方设法接触。他甚至还参加了英国议会举行的一届会议。彼得就是带着一种求得俄罗斯改变之路的执著意识和身体力行的踏实作风，尽最大努力学习西方的文化、科学、工业及行政管理方法。完成了欧洲一行，收获巨大。

欧洲的所见所闻，使他深刻意识到，俄国的改革势在必行，而打破束缚俄国发展的精神桎梏尤为重要。

回国后，一场声势浩大、手段严厉的彼得大帝的改革浪潮从此掀起，这场彻底改变俄罗斯国家命运的大改革波及政治、经济、军事、文化教育和宗教等各个方面。

这场改革之风，首先是从生活方式和行为习俗开始的，这体现了彼得大帝的高超所在，体现了他对改革的深刻认识。他认为，生活方式和行为习俗体现的是全民的精神状态。保守的、固有的精神状态不改变，会成为其他一切改革的障碍。由此，他以身作则，首先剃掉自己的胡须，发起了一场针对全国城乡男子的剃须运动。按照固有的观念，俄罗斯人的胡子是“上帝赐与的装饰品”，是仪表与品德的象征。但是，现在彼得大帝把它视为一种束缚，视为一种有别于欧洲文明的累赘之物。他甚至还亲自动手为身边的大臣剪掉胡须。对于来自多方的阻力，彼得大帝毫不动摇，他认为，“剃掉胡须，看起来事小，但却是革新的开端。如果连这点小事都办不成，建立新的俄国就是一句空话……”剃须运动自上而下，通过各种措施的保障，大获成功。

改变民风民习的第二件事就是革除传统的宽袖长袍。彼得大帝认为这种服装华而无当，不利于工作，必须禁止。在宴会上他曾经亲手拿起剪刀，把客人的大袖袍剪个干干静静，一边剪还一边说：“这么宽大的衣服，大袖子太碍事，到处惹祸；不是碰掉玻璃，就是蹭汤弄水，撒人一身。剪下来这一段，你还可以拿去做一双靴子。”

皇帝的做法让人无可奈何，但不执行是绝对行不通的。随后，彼得大帝发布了一系列规定，使得这一改革措施得以顺利进行。

风俗习惯的革新，让彼得大帝改革的信心更坚定。

在俄国的历史上，教会一直拥有很大的权力，在各个方面也都具有很大的势力，有时甚至还左右国家的政治。其迂腐守旧也达到了顽固的程度。对教会的改革是彼得大帝很伤脑筋的一件事。但是，清除教会痼疾，扫除改革精神枷锁势在必行。彼得大帝以果敢的作风，摒弃诸多压力，不但在结构上，而且在经济上对此做了重大改革，最终，教会只能在彼得大帝的统治之下，听命于沙皇，为沙皇服务。

在国家的对外战略上，彼得大帝也实施了改革措施，对俄罗斯的未来产生了巨大的影响。这一时期，彼得大帝发动了一系列的战争，矛头直指瑞典和土耳其。

俄国通过战争吞并了一些重要疆土，使其领土已经包括了爱沙尼亚、拉脱维亚和芬兰附近的一片重要地区。这就为俄国提供了波罗的海上的一个出口，因而提供了一个“瞭望欧洲的窗口”。

改革的浪潮席卷整个古老的俄罗斯大帝，呈现出一派气象万千的景象。

在政治上，削弱大贵族阶层；收回军权，强化沙皇的专制权力。在军事上，改良军事设备加固基础设施；开办各类军事院校；建立和壮大海军力量。在经济上，鼓励兴办手工工场，准许工场主购买整个村庄的农奴。在文化教育上，简化斯拉夫字母；创办报纸；建立科学院；推行学校教育。在社会风俗上，提倡西欧的服饰礼仪和生活方式。

新都“彼得堡”的兴建乃至迁都，则体现了彼得大帝顺应时代潮流和勇于开拓的远见卓识。

彼得堡本是一处环境极为恶劣的入海口的三角地带，这是人们的共识。而彼得大帝却把它看作“天堂”。彼得大帝耗费了巨大的人力、物力、财力终于完成了这一巨大工程。在彼得大帝看来，新都的建立，是全新俄罗斯的象征，是对陈腐的过去的宣战。从此，彼得大帝将国家发展重心西移，更接近欧洲各国，有利于接受欧洲的开化文明；并建立起了以圣彼得堡为核心的的领导势力，结束了俄国由莫斯科政权统治以来的黑暗时期，引领俄国进入文明新时代。

彼得大帝是个高大伟岸的硬汉，但他一心扑在国家的发展上，由于过度操劳，他的健康状况日益下滑，终于因积劳成疾，于1725年1月28日病逝，享年53岁。

在弥留之际，他曾虔诚地祈祷说：“我希望上帝宽恕我的诸多罪孽，因为我是在力图为我的人民做好事。”

彼得大帝安葬时的悼词是这样评价其伟业的:“啊,俄罗斯人啊！这是怎么啦？我们遭逢到什么？我们眼下看到的是什么？我们眼下干的是什么？我们正在殡葬彼得大帝！……他离开了我们,但我们已不再是乞丐和贫儿,我们有了无尽的力量和光荣。他把我们俄国改造成了什么样子,它便永远是什么样子;他为善良的人们把俄国变成了可爱的国家,它便永远是可爱的国家;他使敌人对俄国胆战心惊,敌人便永远对它胆战心惊;他在全世界赢得了光荣,光荣便永放光辉。他留给我们的是精神、民政和军事方面的变革。”

这就是俄罗斯对这位伟大君王的礼赞。未来的历史更加证明了彼得大帝的超乎时代的洞察力和不为艰难险阻厉行改革的不朽功绩。因为彼得大帝的远见卓识使得俄罗斯“从愚昧无知的深渊登上了世界光荣的舞台”。

作为一代伟大的沙皇,彼得大帝的雄才大略为世人瞩目。

逐梦箴言

梦想与智慧一旦结合,就展开了一个广阔的空间。彼得大帝从少年的游戏当中能够发现治国之道,这是多么高超的智慧。他的梦想成就了一个国家的梦想,梦想有多么伟大!

知识链接

圣彼得堡

俄罗斯第二大城市,列宁格勒州首府。位于波罗的海芬兰湾东岸,涅瓦河口三角洲。1703 年建城堡,1712 年成为俄国首都。1918 年首都迁至莫斯科。历史上有“彼得堡”“”彼得格勒“列宁格勒”等名称。有斯莫尔尼宫、冬宫、夏宫、喀山和伊萨基辅大教堂等名胜古迹。

智慧心语

无欲速，无见小利。欲速，则不达；见小利，则大事不成。

——孔 子

国家用人，当以德为本，才艺为末。

——康 熙

德不优者，不能怀远；才不大者，不能博见。

——王 充

诚以天下事繁，日有万机，为君者一身处九重之内，所知岂能尽乎？时常看书，知古人事，庶可以寡过。

——康 熙

给我 20 年，还给你一个奇迹般的俄罗斯。

——彼得大帝

第八章

拥抱梦想展胸襟

甘地

导读

与梦想一同成长，而当拥抱梦想之时，人们大都怀有欣然的情怀。作为领袖人物，他们的梦想往往代表着群体的意志；梦想的实现，是群体利益的达成。领袖人物的人格品质是群体道德的最高表现，他们的襟怀体现出群体的良知。这种良知会对历史的发展产生支柱性的作用。

■ “我是人民的一员”

瑞典有一条路叫做帕尔梅路，这条路上长年盛开着红玫瑰。

红玫瑰在瑞典人民心中是和平与友情的象征，每当人们走在这条路上，总能想起曾任首相的帕尔梅，以及他为和平做出的杰出贡献。

帕尔梅 1927 年 1 月 30 日出生在斯德哥尔摩的一个富裕家庭，父亲是一家保险公司的总经理，在他 6 岁时去世。母亲是拉脱维亚人，家里讲德语、法语和瑞典语三种语言。

帕尔梅从小就受着严格而正规的教育，17 岁毕业于斯德哥尔摩附近一家远近闻名的私立寄宿学校，两年后又赴美国俄亥俄州凯尼恩学院主修政治、哲学、历史和经济，1948 年获文学学士学位。回国后他又进入斯德哥尔摩大学法律系深造，1951 年获法律硕士学位。

帕尔梅年轻时游历过许多国家，这为历来的发展奠定了必要的基础。在游历的过程中，生活在底层的百姓的贫困遭遇和不幸给他以深刻的印象，这在他未来的人生道路及政治生涯中都有显著的反映。

帕尔梅 1952 年加入瑞典社会民主党。他才华横溢，知识渊博，踏实肯干，谦虚好学，博得了时任瑞典首相埃兰德的赏识。

帕尔梅曾先后担任过瑞典全国学联主席、埃兰德首相的秘书和社民党青年组织研究部主任。1958 年，他当选为议员，1963 年进入内阁，先后出任过不管大臣、运输和通讯大臣、教育和文化大臣。1969 年，埃兰德年迈告退，帕尔梅接任社民党主席，同年 10 月，出任瑞典首相，时年 42 岁，是欧洲当时最年轻的首相。

身居高位的帕尔梅从来不以自身高位而自居，“我是人民的一员”这是首相帕尔梅恪守的信条。作为首相但仍住在平民公寓里。他生活十分简朴，平易近人，与平民百姓毫无二致。除非是正式出访或特别重要的国务活动，帕尔梅去国内外参加会议、访问、视察和私人活动，一向很少带随行人员和保卫人员，只是在参加重要国务活动时才乘坐防弹汽车，并只带两名护卫警察。有一次他去美国参加一个国际会议，人们发现他竟然是独自一人乘出租车去的机场。

1984 年 3 月，他去参加在维也纳举行的奥地利社会党代表大会，也是独自前往的。当他走入会场的时候，还没有人注意到他，直到他在插有瑞典国旗的座位上坐下来，人们才发现瑞典首相帕尔梅已经来了。他的举动令与会者大为赞赏。

1985 年 11 月，他去参加社会党在维也纳召开的国际裁军大会时，也同样是只身前往。

与普通百姓打成一片是帕尔梅为人的重要特点，也是作为一国首相的难能可贵之处。

帕尔梅从家到首相府上班，每天都坚持步行，在这短短的十几分钟的时间里，他总是不时地同路上的行人打招呼，有时甚至与同路人闲聊几句。对于这位亲民的国家领导人，人们投来敬佩的目光。帕尔梅同他周围的人关系处得都很好。在工作之余，他还经常帮助别人，没有丝毫的高贵派头。即使是帕尔梅一家经常去度假的法罗岛，那里的人们也把他视为朋友。

帕尔梅经常独自微服私访，学校、商店、厂矿都是他常去的地方，他深知，那里有平日里难以见到的生活，而只有了解普通人们的生活才能制定基本国策。

帕尔梅平易近人，他与许多普通人在信件往来中建立了友谊。

他在位时平均每年收到一万五千多封来信，其中有三分之一是来自国外。帕尔梅非常看重这种人与人的交往，为此他专门雇用了四名工作人员以做到对信件及时处理，做到来者皆阅，来者均复。对于助手起草的回信，他要亲自过目,然后才能签发。

帕尔梅的为人处世使他的形象在人民心目中日益高大。帕尔梅首相府的大门也永远向广大人民开放,永远是人民的服务处。在瑞典人民的心目中,帕尔梅是首相,又是平民;是领导人,又是兄弟、朋友,他是人们心目中的偶像。

执政期间,为发展瑞典经济、加强瑞典国防和提高瑞典的国际地位,作为首相的帕尔梅做出了不懈的努力,政绩卓著。在对外关系方面,他坚定地维护瑞典的中立地位,主张建立北欧无核区和加强欧洲国家的团结,反对超级大国的扩张和侵略;反对军备竞赛,支持裁军谈判;反对种族歧视,反对暴力活动,主张和平及社会开放;同情和支持发展中国家争取民族解放和经济独立的斗争,呼吁发达国家增加对发展中国家的援助,并且坚决反对以大欺小、以强凌弱。

帕尔梅还以自己的生活经历和真知灼见写下了《自述》《政治就是意愿》《活的意愿》和《前进的意愿》等著作。

1985年帕尔梅获西班牙联合国协会和平奖。

自1814年以来,作为和平之邦的瑞典,没有卷入过任何战争。瑞典人民十分珍惜和平并以此为荣。生长在这片和平之土上的帕尔梅为人类的和平事业做出了卓越贡献,受到了各国人民的尊重。

帕尔梅以他的人格和行动见证了那句话:"我是人民的一员。"可以说,帕尔梅不但是瑞典人民中的一员,也是世界人民中的一员。他的灵魂达到了崇高的境界。

逐梦箴言

“我是人民中的一员”，这是个看似朴素的表达，但是，能够以自身的行动践行这句话，则是一个极高的要求。领袖来自人民，但当领袖成为领袖之时，在客观上，他就远离了大众。这时，作为领袖者，如何能回到人民中间、代表人民的利益则是检验领袖风范与人格的最高尺度。

知识链接

斯德哥尔摩：瑞典首都和最大城市，位于波罗的海西岸，梅拉伦湖入海处。斯德哥尔摩建在 14 个小岛和 1 个半岛上，市内水道纵横，用 70 座桥梁相连。斯德哥尔摩的斯坎森大露天博物馆存有 12 至 13 世纪的风物。

帕尔梅

■ 印刷工——富兰克林

有一位美国人，在他的墓碑上只刻着这样几个字："印刷工富兰克林。"这墓碑的主人就是18世纪美国最伟大的科学家和发明家，著名的政治家、外交家、哲学家、文学家和航海家以及美国独立战争的伟大领袖。

富兰克林被称为"文艺复兴式"的人物，他在政治、外交、科技、语言文学等诸多方面都取得了超凡的成就。但令人尤为钦佩的是他那谦逊的品格和博大的胸怀。富兰克林的伟大之处令人敬仰，但他自己却从未把自己当成"伟人"。

富兰克林的一生都保持着可敬的本色，堪称一代楷模。

富兰克林全称本杰明·富兰克林。于1706年出生于美国一个并不富裕的家庭。父亲是个小作坊主，主要以制造肥皂、蜡烛来维持一家人的生计。

出于寒门的富兰克林仅仅读过两年书，就不得不辍学，到附近一家印刷作坊当学徒工，而且一干就是十年。十年的印刷工经历，给他留下了深深的烙印，甚至怀有浓厚的情感，直至生命终结，他一直以自己是印刷工自居。

他那谦逊的品格使他在任何环境中都能脚踏实地，孜孜以求。他的获得，全在于自身的努力。在艰苦的学徒期间，他从未放弃自学。他节衣缩食，省下的钱用来买书，通宵达旦地阅读。

在知识的矿藏里，他求得了无尽的宝藏。他的视野得到开阔，性格得到锤炼。他涉猎范围广泛，兼收并蓄，并在其中提炼出人生道理，为以后的人生道路开拓了广阔的空间，也为后来的从政和科学研究奠定了深厚的基础。

当时的美国还处于英殖民地的地位。富兰克林虽身处低位，却对社会事务密切关注。1731年，富兰克林创办了一份年刊，名叫《穷里查德的年鉴》，其丰富的内容使大众受益匪浅。

富兰克林还积极参与广泛的社会活动。他带领青年人创办了“共读社”，通过定期交流和发展，演变为“美国哲学会”。在富兰克林的努力下，费城建立了公共图书馆、消防局和第一所大学，而且由于富兰克林电学方面的才华，费城成为北美殖民地中第一座有路灯的城市。

在社会活动中，富兰克林亲身体会了殖民地生活的种种不平，当北美大陆争取独立的浪潮来临时，富兰克林积极投身在时代浪潮之中。为了北美大陆的生存与发展，富兰克林多次赴英国请愿，反对殖民暴政，要求废止印花税。

美国独立战争爆发后，他参与起草《独立宣言》。在美国独立战争中，富兰克林的人格魅力与智慧果敢对战争的胜利做出了不可磨灭的功绩。

就在《独立宣言》通过的当天，他便启程前往法国谋求法国对这个新生国家的支持。在这个过程中，富兰克林只是一名没有正式任命的外交使节，代表的又是一个尚未被承认的国家。在艰难的境地里，富兰克林冒着随时失去生命的危险，小心谨慎，有勇有谋，终获极大成功，建立了美法同盟，使美国这个新生的国家得以站稳脚跟。

1785年，富兰克林结束外交使命返回美国，当选为宾夕法尼亚州州长。他立刻解决最关键的问题，在州内提倡民主民权，推动废奴运动。

对于富兰克林来说，人生是丰富多彩的。

面对社会，他能以自己的激情发出正义的声音；而面对自然，他又能以自己的智慧进行科学的探索。他有许多发明，其中最重大的发明是避雷针，这是他广泛实验后的成果。富兰克林当年设计的避雷针直到今天还被广泛应用而并无多大改动,可见其精密程度。

“电”是富兰克林最为热衷的课题,在这方面,他做过大量的实验,终于在电学理论上获得突破,使他成为世界上第一个用正负电学说来解释电学实验的科学家。

富兰克林学而不倦、涉猎甚广。他自学了法语、意大利语、西班牙语和拉丁语,对电学、流体学、生物学、数学、化学、医学以及制造业新技术都颇有相当的研究,且造诣很深。

他发明的玻璃琴、双光眼镜、高架取书器等工具,深为人们喜爱,广受赞誉。

富兰克林乐善好施,对于自己的发明,他拒绝申请专利,并且声明,发明应该为社会公众服务。

1790 年 4 月,富兰克林走完了他人生的第 84 个春秋。

他一生最真实的写照是他自己所说过的一句话:“诚实和勤勉,应该成为你永久的伴侣。”

美国总统乔治·华盛顿这样评价他:“因为善行而受景仰,因为才华而获崇拜,因为爱国而受尊敬,因为仁慈而得到爱戴,这一切将唤起人们对你的亲切爱戴。你可以得到最大的欣慰,就是知道自己没有虚度一生。”

法国经济学家杜尔哥为他写下了这样的赞语:“他从苍天那里取得了雷电,从暴君那里取得了民权。”

富兰克林以“节俭、诚实、勤奋和得体”作为人生的信条。他一生都在践行着自己高尚的理念,在众多的不同领域都取得了巨大的成就,成为令人敬仰的一代传奇人物。

逐梦箴言

富兰克林说过："我未曾见过一个早起、勤奋、谨慎、诚实的人抱怨命运不好；良好的品格，优良的习惯，坚强的意志，是不会被假设所谓的命运击败的。"看来，这是实现梦想的必由之路。

知识链接

独立宣言：北美 13 个殖民地人民进行独立战争时的政治纲领，主要由杰弗逊起草，1776 年 7 月 4 日由第二届大陆会议通过。《独立宣言》宣告了 13 个殖民地脱离英国而"成为自由独立的合众国"。因此，7 月 4 日成为美国全国性的假日——独立节，习称"美国国庆节"。

富兰克林

■ 欲变世界先变其身

甘地被印度人尊为“玛哈德玛”,意即伟大的灵魂。

古语云:“人之初,性本善。”然而,一个人最终能否走向善,后天的环境影响与自我修炼至关重要。

甘地从小就有一颗正直善良的心。当甘地还在读小学的时候,在一次英文考试上,老师为了应付英国学校监督的检查,博取英国人的欢心,指令学生相互照抄以求得全班的好成绩。当老师发现全班学生除了一个人以外都得了满分,很是不解,一查,这个没有得满分的学生就是甘地。甘地受到了老师的严厉指责,原因是他没有照抄别人的考卷而成绩不佳。甘地是个诚实的学生,即使成绩不佳,他也不愿意采用投机取巧的方式,他认为那样做是可耻的行为。

在印度,自古以来就沿袭一种“种姓”制度,而且等级森严,世代相传,不能更改。甘地家属于第三等级,也就是商人和农人等级。在甘地祖父那一代,由于甘地祖父的才干,他当上了一个地处印度西部的一个小国的首相,甘地的父亲承袭了祖父的职务继续做首相。他为人耿直、勇敢,人格得到很高的评价。

当时的印度,长久以来一直处于英国殖民地的环境,英国人在印度具有生杀予夺的权力。但是,甘地的父亲敢于面对强权维护正义,与英国人抗争。父亲的形象对少年的甘地影响很大。甘地的母亲是个虔诚的印度教徒,曾在一次雨季,为求得阳光的出现,她立下誓言,拒绝进食,顽强支撑疲弱的身体，虔诚祈求。母亲的一言一行都给甘地以真切的感染，使他体味人生的道理。

甘地所接触的一切能够触动心灵的事物，都能打上那个时代的烙印。一次，甘地读到了一本叫《孝子修涅巴拿》的故事书，讲述的是一个孝顺的年轻人，每天都细心照顾双目失明的父母的故事。书中的情节以及主人公的牺牲精神深深地打动了甘地，成为他一生永久的记忆，他发誓要向主人公学习，无论遇到任何灾难，都要勇敢地活下去。

有一出戏也对甘地产生了深深的影响，就是哈里西·千陀拉的故事。哈里西·千陀拉是传说中的一个印度国王，他有着宽广的襟怀和正直的人格。神化身为恶魔对他加以考验，向他提出了各种难题，并威胁他，如果无法回答这些问题，将杀死王后和王子。面对种种难题，哈里西·千陀拉知难而上，用智慧和勇气战胜了考验。哈里西·千陀拉的形象深深地印在了甘地心中，在他的心中埋下了思索的种子，他常常想："为什么世人不能像哈里西·千陀拉那样正直和勇敢呢？"

由于甘地是生活在英殖民地的环境中，因此，在甘地的少年时光里，各种事物都侵染着环境的色彩，他的性格品德也在这样的环境中经受磨砺。

"童婚制"的习俗在印度由来已久，按照这一习俗，甘地13岁便懵懵懂懂地成婚，便成了有家室的人，可是此时，他还只是个还在读书的学生。这种现实使甘地处在了生存和生活的困境之中。对于这种习俗，甘地设身处地感到了改进的必要性。

在甘地的生活环境中，印度人受英国人欺压的情形比比皆是。一次，一个朋友给甘地唱了一首歌，歌词是这样的："看哪！又强又壮的英国佬，正在欺负弱小的印度人，为什么英国佬这么强壮？因为他们天天都吃肉，所以那么强壮，那么庞大。"由于信仰的原因，印度教徒严守不杀生的戒律，而且还把牛当成神圣的动物，别说吃它们的肉，就是虐待都是不行的。

甘地是印度教徒，对于这首歌提到的吃肉当然是反对的。但是，吃肉能够强壮，强壮就可以对抗外来的欺辱，这一点却在甘地的脑海挥之不去。"要赶走支配印度的英国人，就必须具有强壮的体格，就要汲取营养。所以，为了印度的前途，我应该吃肉。”经过反复思考，甘地决定开始吃肉。但甘地的父母都是虔诚的印度教徒，这种有违教规的行为一旦被他们知道，那将带来无法估量的后果，所以，甘地只能偷偷地吃肉。而开始了吃肉的行为后，甘地的内心开始备受折磨。一方面要强壮身体，一方面又违反教规，还有一点就是，自己是在做着对父母欺骗的事情。身为孝子的甘地真是无法忍受对父母撒谎这种行为的折磨，他下定决心，决不再吃肉了。后来，甘地经受住了各种诱惑，再没有做过这种事。

艰苦的生活环境对人是一种考验。甘地 15 岁时，发生在他身上的一次偷窃行为，给他留下了无法磨灭的印记。由于花销窘迫，甘地曾向二哥借过 25 卢比，说好不久就还上，可是过了还钱日期，甘地仍然无法还上欠款，于是，他就把二哥的纯金手镯偷偷削下一些金子拿去变卖，还清了欠款。

钱是还清了，可是，甘地却陷入了愧疚与自责之中。他咒骂自己，折磨自己的身体，但始终无法排遣心中的苦痛。他决心向父亲坦白自己的罪责，可又难以启齿，怕父亲难以承受这种事实。无奈之下，他写了一封“忏悔信”，将自己所犯的错误记述下来。“我已经向神发誓，从今以后，决不犯同样的错误，请父亲原谅我的过错，原谅年幼无知的儿子！”甘地在结尾这样写道。可是，当他来到正在床上养病的父亲身边向他说明来意时，他首先见到的是父亲惊讶的面孔，随之而来的则是父亲抑制不住流下的泪水。虽然父亲并没有责骂与鞭打，但父亲的震惊与失望更让甘地心如刀割。甘地的品性在这样的痛苦中再一次经受磨炼。也就是这样的磨炼，使甘地一步一步地走向成熟，他内心那股向善的力量最终成为人格的主导。

“请你记住圣贤的名言，那么你所做的每件小事，都会得到好的报酬。以德报怨，才能使世界充满喜乐。”这是印度的一首古老的劝善歌《以德报怨》中的歌词。甘地非常推崇其中的思想，他已经认识到道德基础在做人方面的重要性。

18 岁时，为了个人的前途，甘地准备去英国留学，此时，出现了一个令甘地必须抉择的局面。

鉴于甘地的出国行为违反了印度教的戒律，甘地家族所属的吠舍族特别召开了种姓大会，不允许甘地出国。对此，甘地表示，自己虽然是到英国读书，但永远都会记住自己是印度人，是印度教的信徒；学成回来，也是为同胞服务。但是，族长并不想听甘地的解释，最终给了甘地"永远逐出吠舍阶级"的处罚。在当时种姓制度非常严苛的印度，这种处罚无疑是一种极为严厉的处罚，它甚至危及生存权利。

对于这样的打击，甘地没有动摇，毅然选择了出国。

初到英国的甘地试图学着做个英国绅士，以适应那里的生活，但终于徒劳无益，这让他清醒地认识到了自己作为印度人的本色和求学的本分，而后，他把经历全部投入到学习之中，经过不懈的努力，学有所成，取得了律师资格。四年的英国求学，甘地对社会、人生以及民族、宗教等问题有了进一步的了解和认识。

满怀着希望，甘地回到了祖国。听到母亲已经去世的消息，甘地悲痛欲绝，因为，他学成而归的一大期望就是让母亲分享荣归故里的儿子的成就。

半年之后，甘地平复了悲伤的心绪，开办了一间律师事务所，以求为同胞伸张正义。可是，残酷无情的现实早已等在了那里。

甘地有个兄长因为公务与一个英国官员发生了冲突，为了避免灾难，甘地找到了这个恰巧是自己朋友的英国官员。但是，试图与这个英国人讲理的想法简直是太天真了！这个英国官员竟然让警卫把甘地从办公室轰了出来。面对如此的屈辱，甘地准备以法律手段讨回公道。哪知，连大名鼎鼎的律师都告诉甘地，这种官司还是放弃为好，因为，像甘地遭受的屈辱，所有印度人都领教过；如果深入下去，还会引来灾难。

果然，甘地的律师事务所随即开始门庭冷落，生意惨淡，甚至无法执业了。这显然是得罪了英国人的结果。

至此，甘地才算亲身尝到了殖民地人的不平等待遇。于是，一些问题便缠绕在了甘地的脑海："为什么印度成为英国的殖民地而她的人民被英国人随意欺凌呢？为什么同样都是人，而印度人就受着不平等的待遇呢？"

到此，甘地已经具有了觉醒的意识，心底发出了抗争的声音，只是这种力量还很弱小。

甘地真正付出行动并且取得效果的抗争是在南非。南非也是英国的殖民地，大批印度人被迁徙到南非替英国人服务，但是，地位极为低下。为给一个在南非的印度公司打官司，甘地来到了南非。

自从甘地一踏上南非的土地，屈辱便接踵而来。来到南非，通过自己的观察，他的第一印象就是，这里的印度人地位非常低下。为增加经验，甘地出席了当地法院的旁听，他那代表印度礼貌行为的头巾居然成为法官指责的对象，强令他取下来。甘地据理力争，但毫无用处，他不得不愤然离开。此后，他了解到这里的印度人不仅被英国人欺负，还被其他人种看不起，于是，甘地拿起了抗争的武器，他向报纸投诉，阐述印度的习俗，表达对滥用职权的不满。他的投诉书发表后，引来了很多关注的目光，甘地也从默默无闻到名声大噪。

但是，围绕在甘地身上的不公并没有停止。他乘坐火车，本来购买的是头等舱，但站务员告诉他，他不配住在这里而让他去到货车车厢。甘地不从，则被乘警赶下火车。他坐马车，车长令他做到车夫的旁边，因为，车厢里有白人乘坐，甘地稍有抗争，就招致一顿暴打。他住饭店，经理以种种理由加以拒绝。当然，也有主持正义的人伸出援助之手，也有为他鸣不平的声音，但谁又能改变所有印度人地位低下的现状呢？印度人在自己的国家被人欺侮，在南非更是被人欺侮，只要有印度人的地方，就有不平等的出现。

甘地已经深刻认识到了这种现状必须改观。通过朋友的帮助，很多印度侨民被招集起来，甘地开始了平生第一次演讲。他提出了解决不平等问题从自身做起的三项主张，得到了大家的赞同。此后，这样的聚会不断进行，有更多的印度侨民加入其中，影响逐渐扩大。此间，一项旨在控制印度人的“人头税法案”在当地实施，印度人陷入了更加悲惨的命运。

正当甘地完成工作任务准备回国的时候，当地政府又提出一项法案，要免除印度侨民对于纳塔耳国会议员的投票权。得知此消息，甘地立即着手进行了抵制活动，在这个过程中，有近万名印度侨民参加了签名和其他活动。鉴于甘地的影响力以及为维护印度侨民付出的努力，人们纷纷请求甘地留在南非，于是，甘地等人在德尔班正式成立了“纳塔尔印侨大会。”令人没有想到的是，甘地在南非一待竟然就是二十年。印侨大会成立后，他积极为印度同胞争取权利，声望日高，赢得了更为广泛的信赖，队伍也日益壮大。

甘地在来南非三年后，首次回到了祖国印度，之所以这样，是因为他要将妻儿接到南非，以利于全身心地投入到为印侨的工作中去。此次回国，对于甘地的事业来说是极为重要的机遇。通过他的努力，印度国人得以对南非印侨的不幸际遇有了真切的了解，这对整个印度民族反抗意识的觉醒具有不可估量的作用。他写的第一本书《蓝皮小册》印刷发行，反响强烈。他结识了一批在印度很有影响的政治家和爱国人士，他们的风范给甘地以深深的感染，在共同推动印度民族正义事业的进程中起到了关键作用。

随着世界风云的变幻，甘地争取印侨权利的事业经历了极为复杂的过程。在这个过程中，甘地的思想和主张也经历了复杂的演变，但甘地所做的一切从根本上都是依据自己的道德良心，依据自己对世界的理解来进行的，他的事业最终发展为“非暴力不合作”运动，艰苦卓绝，成为整个印度独立的先声。

从一个懵懂少年走向一位印度人民的政治领袖，一位深受人们敬仰的伟大人物，甘地的一生饱经风霜，备受磨难，但与之相伴一生的对真理的追求使他始终以正直、诚实为人生准则，支撑他去探索去追求，最终获得一种崇高的力量，完成民族独立的伟业，也在道德的天平上增添了一枚正义的砝码。

“欲变世界先变其身”，甘地凭借着对真理的追求，对道德的崇拜，改变了自己，并完善了自己，世界因他而变。

逐梦箴言

甘地的一生曲折坎坷，但最终走向了辉煌，其人格为人们敬仰。甘地是伟人，但并不是完人。甘地也曾犯过错误，也曾有过懊悔，但最为重要的是，他总能审视自己，道德的天平从来没有在内心消失过。因此，在道德的称量下，甘地一步步走向人格的完善，走向事业的辉煌。

知识链接

印度种姓制度：印度的种姓制度将人分为四个不同等级：婆罗门、刹帝利、吠舍和首陀罗。婆罗门即僧侣，为第一种姓，地位最高，从事文化教育和祭祀；刹帝利即武士、王公、贵族等，为第二种姓，从事行政管理和打仗；吠舍即商人，为第三种姓，从事商业贸易；首陀罗即农民，为第四种姓，地位最低，从事农业和各种体力及手工业劳动等。后来随着生产的发展，各种姓又派生出许多等级。除四大种姓外，还有一种被排除在种姓外的人，他们的社会地位最低，最受歧视，绝大部分为农村贫雇农和城市清洁工、苦力等。

智慧心语

以眼还眼，世界只会更盲目。

——甘 地

诚实和勤勉应该成为你永久的伴侣。

——富兰克林

良心是由人的知识和全部生活方式来决定的。

——马克思

道德是做人的根本，根本一坏，即使你有一些学问和本领，也无甚用处。没有道德的人，学问和本领愈大，就成为非作恶愈大。

——陶行之

我未曾见过一个早起、勤奋、谨慎、诚实的人抱怨命运不好；良好的品格，优良的习惯，坚强的意志，是不会被假设所谓的命运击败的。

——富兰克林

第九章

融入梦想现美德

华盛顿

导读

与梦想一同成长，历尽艰辛，百折不回，当人们对梦想有了足够的体味，才可能融入其中，达到一种境界。作为领袖，在高超的境界中体现出美德的力量，能够产生强大的感染力，让梦想升华。

曼德拉

一个诚实的人

我希望我将具有足够的坚定性和美德，借以保持所有称号中，我认为最值得羡慕的称号：一个诚实的人。

——乔治·华盛顿

在一所院子里，一棵还没有长大的小樱桃树躺倒在地。一个男孩脸色惨白地呆立在树旁，不知所措。

“这是谁干的好事？”一个男人冲了过来，气冲冲地问道。

“爸爸，是我干的。”小男孩怯生生地看了爸爸一眼，说道。

“什么？”父亲有些不解，“你……为什么砍倒了爸爸心爱的樱桃树呢？”小男孩点点头，说：“我看那把斧头磨得那么亮，我想试一下它到底有多锋利，所以……”

父亲俯身看了看樱桃树，说道：“你这傻瓜！干出这种事来是要挨打的，你没有想到这一点吗？”

“我知道自己错了。可是，如果为了害怕挨打就撒谎，不是更不对吗？”

一听这话，父亲露出惊异的神色，转怒为喜：“乔治，你说得对，这样做也是对的。爸爸为你高兴！即使是砍掉一千棵树，我只要听到你这句话，就满足了。这表明了你的诚实，而且，具有认错的勇气。”为此，父亲将那把锐利的斧头送给了儿子。

这个诚实而勇于认错的小男孩就是美利坚合众国的开国总统——乔治·华盛顿。

1732年2月22日，华盛顿出生在北美英属殖民地弗吉尼亚的一座庄园内，他是奥格斯丁先生和第二任妻子的长子。

华盛顿在少年时代就表现出了正直诚实的品格，秉持着这种品格，华盛顿与兄弟姐妹和睦相处，与同学伙伴真诚相待，赢得了大家的敬佩。11岁时，父亲去世，给华盛顿以沉重打击，原本无忧无虑的生活顿时面目全非。华盛顿的父亲有着庞大的遗产，根据当时的法律，大部分遗产都归属了华盛顿同父异母的哥哥。而年岁尚小的华盛顿只能跟着母亲过起另外的生活。

华盛顿毕生没读过大学，即使是中学所受的教育也是不完整的。但华盛顿非常注重自学，通过自学，他掌握了很多知识，还具备了很多扎实的技能。

华盛顿最突出的技能就是测量工作，这种四处奔波的测量工作对青年华盛顿的成长具有一种特殊的意义。在给家乡朋友的信中，华盛顿这样写道："整天到处奔走，一到晚上，在烤火堆的旁边，随便找一点东西，枯草也好，稻草也好，马草也好，熊皮也好，总之，只要是找到什么就用什么，大家都挤在一起睡觉。睡在靠火最近的人，就算是最幸运的了。"

西部特有生活的磨砺给了华盛顿独特的养分，培养了他勇于开拓的精神和踏实勤勉、吃苦耐劳的作风，使华盛顿具备了作为开拓者应有的素质。而且，具有特殊意义的是，华盛顿的测绘技能以及对莽原生活的了解，都在他未来的率军打仗中起到了宝贵的作用。

1752年之后，华盛顿的生活发生了重大变化，他的异母哥哥不幸去世，留下了一个庞大的种植园由他来接管，沉重的担子落在了他年仅20岁的肩头。而且，华盛顿还继承了哥哥在俄亥俄公司的职务，被任命为陆军少校，担任了北军司令官的职务。

此时，华盛顿所在的俄亥俄地区经常被法国军队侵扰，作为殖民者的英国当然不能坐视不管，俄亥俄总督奉英王之命欲警告入侵的法国军队。作为英属殖民地的军官，华盛顿自告奋勇，冒着生命危险，穿越莽林，历尽艰辛，寻找到了法国军队的主帅，出色地完成了任务。

可是法国军队并没有就此罢休，于是，英军与法军的对峙与交战便拉开了序幕。华盛顿加入了这场战争，而且在战斗中浴血奋战，不畏牺牲，尽忠职守。华盛顿的行为得到了人们的高度赞扬。“这是一个勇敢有为的青年！是一个可信赖的人。这个年轻人的身体内，奔流着足以肩负重任的贵族血液。”当时的富兰克林就这样称赞华盛顿。

英军作战的颓势，使法军侵入了弗吉尼亚州的俄亥俄，进而，整个美洲殖民地都笼罩上了恐怖的阴云。谁能肩负起守卫边疆的重任呢？人们的目光集中到了华盛顿身上。

华盛顿虽有过战斗经历，但并没有辉煌战绩。不过，艰难困苦中最需要的就是挺身而出、不屈不挠、坚忍不拔的人，人们看重的就是华盛顿身上的这种特质。

此时，华盛顿正患热病，但他毅然地扛起了这个重任，担当起弗吉尼亚民兵司令的职务。未来的事实将告诉人们，这种选择是正确的。在极度的险境中，华盛顿一步一步地建立起了抗击侵略者的阵地，并最终在决定性的杜凯纳要塞攻坚战中取得了胜利。

随后，华盛顿解甲归田——这才是华盛顿想要的生活。

此时，26岁的华盛顿已经是有妻室的人，而且还当选为州议会的议员，他要过一种平和安稳的新生活。华盛顿凭借精明的头脑和诚实的品行把产业经营得井井有条，最终成为当地最富有的年轻人。

但是，作为殖民地的一员，华盛顿和其他人一样，越来越受到来自殖民者英国的专制压迫；在经营农场、手工作坊的过程中，饱尝了英国殖民当局的限制、盘剥之苦。

1765年，英国政府关于要在美洲实施印花税的声明，掀开了美洲这个殖民地的反抗浪潮；为争取自身的应有权益，北美十三个殖民地空前地团结起来，有了一个奋斗目标。在北美人们的强烈抵制下，印花税无法实施，英国殖民者又转换手段增加新税。这激起了人们更为强烈的抵制，北美殖民地愤怒的火焰炽烈地燃烧起来。一种强烈的手段就是抵制进口英国货。作为议会议员的华盛顿敏感地觉察到了一种危机即将来临，他坚决地加入到了行动中来。他在一封信中曾表达过这样的信念：“不管是谁，在维护神圣的自由的时候，绝不能迟疑……非使用武器做最后的手段不可。”随后，华盛顿在议会提出了“不买英国货，不用英国货，不进口英国货”的议案并获得通过。在殖民地人们的强烈抵制下，英国当局不得不做出退让，可是，掀起来的浪潮已经很难再平复下去了，因为通过一系列的事件，问题的实质已经摆在了人们的面前，这不是简单的税收问题，这是关系到全体殖民地的正义能否伸张的问题。华盛顿清楚地认识到了这点。

至此，决定美国命运的时刻即将到来。

1774 年 9 月，第一次大陆会议在费城召开。华盛顿作为弗吉尼亚的代表出席了这次具有历史意义的会议，发出以武力抗争的声音。1775 年 4 月，莱克星敦镇响起了武装抗英的第一枪，第二次大陆会议随即召开。战争势在必行，军队必须建立。那么，军队的最高指挥由谁来担任呢？作为重要议员的约翰·亚当斯给出了一个答案：这个人应该具有作为一个军人所必不可少的高洁的人格、伟大的才能、宽容的美德、优秀的技能与经验，以及在人们心目中的声望。——合乎这些条件的人就是华盛顿。

最终，华盛顿被推选为大陆军总司令，此时，他 43 岁。

对此，谦逊的华盛顿不敢设想，但勇于担当又是他的品性：“我不认为我能胜任这个指挥官的光荣职位，但我会以最大的诚意接受职位，并且，全力以赴。”

由此开始了长达八年的艰苦卓绝的美国独立战争。

争取自由与独立的渴望是强烈的，但必须付出血的代价。人们的情绪是高涨的，但战争的残酷性超出了一般人的想象。

华盛顿的内心时常感到无助与焦虑，因为他是个正直真诚的人。因为正直与真诚，使他能够正视残酷的现实。出现在他面前等待他领导的有很多是一群这样的士兵：有的是扛着一支鸟枪自己跑来的，有的是穿着工作服赶来的，更有些是穿着宽大的手织土布衣服志愿参加部队的。最艰难的时候，他的军队甚至食不果腹，衣不蔽体。这些令华盛顿不能不感到担心，但他的勇敢与担当的品质又让他必须战胜困难。作为一个人，必须有做人的尊严；而作为一个军队的指挥官，个人的尊严又代表了全军的尊严、全体人民的尊严。此时，他的智慧与才华充分展示出来，他在多年生活中得到的宝贵经验体现了出来。尤其是在最困难的时刻，在最危险的生死关头，华盛顿表现出的非凡的意志与坚定的信念给人以鼓舞和激励,这使人们确信,一定会取得最后的胜利。

经过华盛顿的艰苦努力,一支组织松散、训练不足、装备落后、给养匮乏,主要由地方民军组成的队伍被锻炼成为一支能与英军正面抗衡的富有战斗力的正规军,终于在1783年打败英军,赢得了独立战争的彻底胜利。

如果说这场胜利能够称其为华盛顿的胜利,那么,华盛顿的胜利,就是人格品质的胜利,是这种个性特征引领着华盛顿的行动,做出了超凡的伟业。

房龙对华盛顿的评价可谓精要至极:“在这个伟大的美国人身上,确实不存在太过于复杂的事情。他不算一位伟大的军事统帅,他缺乏像亚历山大或拿破仑那样的军事天才;他不算是一个富有创造性的政治家,因为精明的富兰克林是他无可争议的老师;如果作为一名演说家,他也没有吸引观众的技巧;他也从未沉醉于独到的、具有创造性的思想。”华盛顿想要的只是“自由,那种如其先祖在英格兰生活时的自由”。这就是房龙笔下的华盛顿。而华盛顿之所以取得了辉煌的成就,房龙说:“只能用一个词:个性!”

美利坚合众国独立了,八年的时间完成了一个改变世界历史的重大进程。

新的国家将走向何方?全美国人们关注着,华盛顿也关注着。

思想一旦走出牢笼,就不能再被枷锁套住!

政治的诱惑总是牵引着那些高高在上的人物,使他们做出各种选择,面对这些选择,个人的理想发挥着极强的动力,而每个人的品性又左右着选择的方向。

美国的国家政治面临着选择。

有一个军官曾给华盛顿写了一封信,表达了他的或者是他们的意愿:要想把美国从战后的混乱拯救出来,非得有一个人民推选出来的国王来实施不可。而这个国王应该由华盛顿来担任。

对此,华盛顿表现出了极大的愤慨。

但一个不容乐观的事实却明显地摆在眼前,美国13个州处于一种无序的状态下,这个新的国家正面临严峻的考验。

华盛顿和他的伙伴们经受住了考验，美国经受住了考验。

1787年，美国制宪会议在费城召开，华盛顿担任主席，经过与会者的集体智慧，最终通过了美国宪法。从此，这个新兴的国家得以在宪法的轨道上生存与发展。

随后，华盛顿被众望所归地推选为美利坚合众国第一任总统，进而连续任职了第二届总统。

可以说，在独立战争刚刚结束的时候，华盛顿就已经对卸下军装回归田园充满了渴望，他非常留恋那温暖而宁静的家，但是，民心所向，对这个国家尽自己的义务应是义不容辞的。从此，华盛顿谨言慎行、战战兢兢地履行起了自己的职责，恪尽职守，堪称楷模。

华盛顿在第二届总统任期即将届满时，坚决不再接受担任第三届总统的请求，毅然引退。华盛顿认为："同一个人长时期地占据总统的位子，就有专制的危险。"

1796年9月，华盛顿发表了著名的《告别演说》："对于所有的国家，要保持信义和正义，要培养和平与协调。我们对于全世界的国家，都应该培养起一种正直而亲睦的感情。"他忠告美国人民珍视团结，维护统一，服从法治。

华盛顿的离任，牵动了国人的心弦，人们纷纷前来一睹伟人的风采，也感受着他的博大襟怀。

1797年3月，他向继任者亚当斯和平移交了权力，这是他最后一次在公众场合露面。几天后，华盛顿回到阔别已久的家园——弗吉尼亚州弗农山庄，开始了渴望已久的田园生活，终于"回到自己平静的港湾"。

至此，我们也找到了华盛顿梦想的归宿——自由，自由的生活。

其实，这是一个非常朴素的梦想。但就因为这个朴素的梦想牵动着无数人的梦想，在那个缺少自由或者失去自由的殖民地生活空间里，这个朴素的梦想开出了无尽的花朵，迎接了一个新时代的到来。

1799年12月13日，华盛顿在家中平静离世。

华盛顿领导缔造了一个崭新的国家，却不贪恋权力，拒绝诱惑，使这块新大陆彻底摆脱了君主制的阴影。他开创了总统任期不超过两届的先例

（此后唯一的例外是罗斯福总统在第二次世界大战的特殊时期连任三届总统）。因其对美国独立做出重大贡献，被尊为美国国父。

逐梦箴言

华盛顿的梦想是朴素的梦想，但这种梦想与无数人的梦想结为一体，它就具有了伟大的飞升。诚实的品质是最通常的品质，但所有的优良品质都是生成于此。华盛顿具有最本质的诚实，靠着这种品质，他磨砺出了优良的素质，成为一代伟人。

知识链接

1787 **年美国制宪会议**：1787 年美国十三个州为修改《邦联条例》而在费城召开制宪会议。会议通过了《1787 年联邦宪法》，是近代西方国家第一部成文宪法。宪法以立法、行政、司法的三权分立为国家机构的组织原则。实行总统制；国会是立法机关，由参、众两院组成；司法权属最高法院，大法官任职终身。宪法对加强联邦政府权力，巩固资产阶级统治有很大作用，沿用至今。

总统山：即拉什莫尔山国家纪念公园，俗称美国总统公园、美国总统山、总统雕像山，是一个坐落于美国南达科他州基斯通附近的美利坚合众国总统纪念公园。公园内有四座高达 60 英尺的美国历史上著名的前总统头像，他们分别是华盛顿、杰弗逊、老罗斯福和林肯，这四位总统被认为代表了美国建国 150 年来的历史。

牢笼也可以有亮丽的色调

曼德拉是深受南非人民爱戴的著名的领袖,他为南非人民摆脱种族奴役做出了不朽的功绩,他的人格魅力为世人称道,被称为“南非国父”。

曼德拉全称为纳尔逊·罗利赫拉·曼德拉。1918 年 7 月 18 日出生于南非特兰斯凯一个大酋长家庭。曼德拉自幼年起就养成了一种刚强的性格,对民族英雄非常崇拜。曼德拉作为家中的长子而被指定为酋长继承人,但他却表示:“决不愿以酋长身份统治一个受压迫的部族”,而要“以一个战士的名义投身于民族解放事业”。他的梦想是追求民族解放的事业。

曼德拉早年曾因领导反对白人种族隔离政策而被捕入狱,被囚禁在荒凉的大西洋小岛罗本岛长达 27 年之久,受尽了人间磨难。

在囚禁期间,他被关押在总集中营的一个“锌皮房”里,白天常常是干着打石头的极其劳累的活计,还时常要下到冰冷的海水里捞海带。曼德拉属于政治要犯,被看守得极为严密,总是有三个看守不离左右。对于曼德拉这个不屈的犯人,他们态度恶劣,总是寻找各种理由实施虐待。

1990 年 2 月 11 日,南非当局在国内外舆论压力下,被迫宣布无条件释放曼德拉。同年 3 月,他被非国大全国执委会任命为副主席、代行主席职务,1991 年 7 月当选为主席。

1994 年 5 月,曼德拉当选为南非第一位黑人总统。

曼德拉的就职典礼可谓世界性的事件,各国政要纷纷到场。而就在这个就职典礼上,曼德拉的一个举动震惊了全世界。

当仪式开始后，他首先起身致辞，欢迎所有来宾，并依次介绍了各国政要。然后，他平静地表示：对于这么多的尊贵的客人的到来，自己深感荣幸。而让自己高兴的是，当初在罗本岛监狱看押他的三名狱警也能到场。随后，曼德拉邀请这三名狱警起身，把他们介绍给在场的客人。此时已年迈的总统曼德拉恭敬地向这三位看守致敬。曼德拉的这一举动不但令在场的所有人为之肃然起敬，也令全世界的人们为他的博大胸襟和宽容精神感动。

当时出席总统典礼仪式的有美国第一夫人希拉里。此时的希拉里由于受“白水案”牵连频遭媒体攻击，内心还处于困惑与不安之中，面对曼德拉的此举，希拉里大为感慨，她向曼德拉询问了一个令人困扰的问题：如何在风云变幻的政治斗争中保持一颗博大而宽容的心。

曼德拉以自己获释出狱当时的感受，意味深长地说道：“当我走出囚室，迈向通往自由的监狱大门时，我已经清楚，自己若是不能把悲痛与怨恨留在身后，我其实就仍然活在狱中。”

一席话深深感染了希拉里，她向曼德拉表示出由衷的敬意。

“压迫者和被压迫者一样需要获得解放。夺走别人自由的人是仇恨的囚徒，他被偏见和短视的铁栅囚禁着。”从这句话中人们就可以体会出曼德拉能够做出如此宽容举动的内在动力。

曼德拉还告诉希拉里，感恩和宽容，往往源自于痛苦和磨难，必须以极大的毅力训练自己方可达成。自己监狱的生涯就是一个痛苦与磨难的场所，在那里，自己常常以此砥砺身心，磨炼意志。

“在那漫长而孤独的岁月中，我对自己的人民获得自由的渴望变成了一种对所有人，包括白人和黑人，都获得自由的渴望。”这是曼德拉对战争与和平所拥有的独特认识。这也是在艰难岁月里，曼德拉品格磨砺出的光华所达到的境界。

2000年，发生了一件种族歧视事件：在南非全国警察总署大楼的一间办公室的电脑屏幕上，曼德拉头像竟逐渐变成了“大猩猩”，这让当局负责人震怒，南非人民也因之义愤填膺。消息传到曼德拉那里，他却非常平静，对这件事并不“过分在意”，“我的尊严并不会因此而受到损害”。

几天后，在参加南非地方选举投票时，当投票站的工作人员例行公事地看着曼德拉身份证上的照片与其本人对照时，曼德拉慈祥地一笑说道：“你看我像大猩猩吗？”一句话引来一片欢笑。

84岁时，曼德拉在南非举办了一次个人画展，主题是罗本岛的监狱生活。“我想用乐观的色彩来画下那个岛，这也是我想与全世界人民分享的。我想告诉大家，只要我们能接受生命中的挑战，连最奇异的梦想都可实现！”

曼德拉就是这样，以博大宽容的胸怀从容地面对一切，赢得了全世界的广泛尊重。

1993年曼德拉被授予诺贝尔和平奖。

逐梦箴言

27年的铁窗生活，对任何一个人来说都是难以忍受的。曼德拉不但忍受了，而且还充分磨炼了自己的意志品质，从困境中迈向了梦想的顶峰。只要心藏梦想之花，那么，任何环境都有沃土。

知识链接

诺贝尔奖：以瑞典化学家诺贝尔的遗产设立的奖金。根据他的遗嘱规定，将其遗产大部分共920万美元作为基金，以其利息分设物理学、化学、生理学或医学、文学、和平五种奖金。1968年起增设经济学奖金。除和平奖金由挪威议会五人委员会评定外，其他各项奖金均由瑞典有关科研机构评定。

■ 带着残疾的双腿迈向巅峰

“一个人只做到行为端正是不够的,一个要想赢得社会尊重的人,还必须积极勇敢。”

这是美国第26任总统西奥多·罗斯福的一句话,这句话一直被美国第32任总统富兰克林·罗斯福作为座右铭牢记在心。

说到轮椅上的总统,人们立刻就会想到美国总统罗斯福。

罗斯福从小就有着一种积极进取精神,西奥多·罗斯福关于人的进取新的教诲正契合了罗斯福的内心。大学毕业生后,罗斯福考取了律师,1910年竞选成为纽约州议员,1913年担任美国政府海军副部长。

1928年罗斯福开始了纽约州州长的竞选活动。要知道,此时的罗斯福是经过了与病魔的7年斗争之后“走”出来的。

1921年8月,罗斯福带全家在坎波贝洛岛休假,他参与了一场森林大火的扑救工作。在扑灭了大火后,他跳进了冰冷的海水,不幸患上了脊髓灰质炎症。高烧、疼痛、麻木是现实的症状,而前景则是终生残疾。患病之初,几乎所有的人都认为罗斯福的政治生涯到此画上了句号。

但后来发生的一切,却是令人意想不到的。疾病并没有让39岁正值壮年的罗斯福放弃理想和信念,他凭借坚强的意志一直坚持不懈地锻炼,以求得恢复行走和站立能力。他用以治病疗养的佐治亚温泉被众人称之为“笑声震天的地方”,可见罗斯福面对疾病和痛苦时的宽广豁达的胸怀。

1924年,罗斯福拖着残病的身躯在儿子的搀扶下出现在了民主党全

国代表大会上，为争取艾尔史密斯的提名，他进行了一次“快乐勇士”的演说，

此举赢得了党内的充分赏识，也得到了社会各界的高度赞扬。人们看到了一个身体残疾却意志坚定的罗斯福。

当1928年罗斯福参加竞选时，虽然他的身体有所康复，但以轮椅为伴的终身残疾已是真切而残酷的现实。罗斯福的竞争对手常常拿他的残疾来攻击他——这是罗斯福终生都不得不与之搏斗的事情，但他总能镇定自若，含笑以对，这种风范给人们留下了极为深刻的印象。

有一次，他去到纽约市的约克维尔区的礼堂演讲，是被别人抬着通过安全门进入大厅的，但罗斯福的神态却是镇定自若，以微笑面对人们。身体需要靠着别人的帮助来活动，这是一种莫大的羞辱，但强大的罗斯福承受了这种羞辱。身体的残疾是痛苦的，但并不可怕，可怕的是心理的缺失与残疾。

身体的残疾让罗斯福的心理更为强大。罗斯福就是拖着这具残体，一步一颠地走向一个又一个讲台，战胜了所有身体强健的竞争对手，最终迈向理想的巅峰。他不但在激烈的竞争中顺利当选为纽约州州长，还在未来的时间里，成为美国历史上唯一一位连任四届的总统。

巴尔扎克说：“苦难对于一个天才是一块垫脚石，对于能干的人是一笔财富，对于庸人却是一个万丈深渊。”

罗斯福曾在总统就职演说时说过这样的话：“我们唯一值得畏惧的就是畏惧本身……”可想而知，这是罗斯福在历经了与残病相搏时的种种体验而得出的结论。

可以说，罗斯福若不是内心达到了一个高超的境界，在他身上所发生的一切都是不可能的。

罗斯福始终被列为史上最伟大的美国总统之一，与亚伯拉罕·林肯和乔治·华盛顿并列。据一项调查显示，罗斯福是20世纪以来第六位最受美国公民尊敬的人。

逐梦箴言

人的一生绝不会一帆风顺，在挫折和痛苦面前，是畏缩不前还是一如既往，这是对人的重大考验。伟大的人物总有不凡的作为，而这一切都来源于内心的强大。

知识链接

美国总统任期制度：美国总统每届任期为 4 年。第一届总统华盛顿在连任两届后自动退下，从此连任不超过两届成为惯例。在二战的特殊背景下，罗斯福是唯一连任超过两届的美国总统。1947 年通过的美国宪法第二十二修正案规定任何人不能被选为总统多于两次，也不能曾担任总统或执行总统职责多于两年后，再被选为总统多于一次。

宽容的力量

法国19世纪文学大师雨果说过这样的话："世界上最宽阔的是海洋，比海洋宽阔的是天空，比天空更宽阔的是人的胸怀。"

凡成大事者，往往具有博大的胸怀，具有一种包容之心，宽容之怀。

林肯被认为是美国历史上最伟大的总统之一。在林肯当选美国总统之后，他对政敌往往采取宽容的态度，这引来了某些官员的不满。一位官员批评林肯说："你为什么试图跟那些敌人交朋友，想尽一切办法去打击他们，去消灭他们，这才是该做的事情。"对此，林肯平和地回答道："难道我不是在消灭我的敌人吗？当他们变成我的朋友时，也就不存在敌人了。"这真是难能可贵的宽容。

林肯是历经无数次的失败，才终于站在了成功的顶点的，他的自信可想而知，有了自信，人才可以做到宽容，这是一种了不起的境界。

拿破仑曾经雄霸四方，取得了举世瞩目的赫赫战功，如果不是经历与敌人的浴血奋战，这些战功是无法实现的。在任何强敌面前，拿破仑都能以威猛的姿态凛然以对；而当他获得胜利后，也能宽大为怀。他常常对战败的敌人抱以慈悲，真诚怜悯他们。他经常对下属说："一个将领在打了败仗那天是多么可怜！"

一次，有两名英军将领从凡尔登战俘营逃走，当他们逃到布伦时，由于没有任何路费以资行程，停了下来。布伦港的看管与检查十分严格，想从这里乘船逃走几乎是不可能的。思乡心切，加上自由的召唤，这两名战俘决定采取一个极为大胆而冒险的行动。他们找来一些小木板，制作了一条小船，准备利用这条小船横渡英吉利海峡，这无疑是一次冒死的行动。他们守在岸边观察情况，当看到前方出现一艘英国快艇时，他们迅速推船下海，拼力追赶。显然，他们的行动是徒劳的，没过多久，他们就再次被法军俘获。

这两名战俘的行为确实太超常了，当这一消息传到法军大营时，人们不得不佩服他们的勇气和胆量。当下属把这一情况报告给拿破仑后，拿破仑对此极感兴趣，命人将这两名英国人还有那条小船带到了他的面前。当拿破仑看到那条不堪一击、脆弱得可怜的小船时，甚为惊讶。

“你们真的想靠这条小船渡海吗？”拿破仑有些不解地问道。

“是的，陛下。如果您不信的话，就放我们走，您将看到我们是如何离开的。”英国人回答道。

拿破仑再次看了看那条小船，说道：“我会放你们走，因为你们是勇敢而大胆的人。无论在哪里，我见到有勇气的人就佩服。但是，你们不该用性命去冒险。我要告诉你们，现在你们已经获释，而且，你们还会被送上英国的船只。你们回到伦敦，要告诉别人我如何敬重勇敢的人，哪怕他们是我的敌人。”

随后，拿破仑兑现了承诺，放了这两名战俘，还给了他们一些金币。

拿破仑的这一举动令在场的人大为吃惊，也深深地佩服他的宽宏大量。

能够宽容自己的敌人，显示出拿破仑宽广的胸怀，也赢得了人心，包括他的敌人。这的确是伟大人物的超人之处。

哲学家卡莱尔说：“伟人往往是从对待别人的失败中显示其伟大的。”林肯、拿破仑，以及许许多多伟人的宽广胸怀和宽容之举都证明了这一点。这种宽容具有一种无形的力量，靠这种力量取得的胜利是近乎完美的胜利。

逐梦箴言

宽容是一种境界，能够达到这种境界的人，必然具有宽广的胸怀和高度的自信心。宽容是一种力量，这种力量存在于无形之中，而激发的却是巨大的能量。

知识链接

英吉利海峡：法语称“拉芒什海峡”，位于英国和法国之间。西通大西洋，东北通北海。包括多佛尔海峡，长约560千米，最宽处240千米，最狭处33千米。平均水深53米，最深172米。为国际航运要道，亦为重要的渔场。历史上曾在此发生多次军事冲突和海战。

■ 直面苦难，善对人生

人们常说，人生不如意十有八九。诚然，从归宿来讲，人最终都要走向寂寥。即使是这样，在这个过程中，欣欣向荣的情景也不常见，这就是人生。但从另一个角度讲，既然人生本如此，那么，从困厄、苦难、失落之中创造出欣慰，不就是一种成就吗？这足以令人珍惜。有一个美国人，他的履历被广泛转载，我们也来感受一下。

这个人有过如下主要经历：

1818年(9岁)，母亲去世。

1831年(22岁)，经商失败。

1832年(23岁)，竞选州议员落选。

同年(23岁)，工作丢了。想就读法学院，但未获入学资格。

1833年(24岁)，向朋友借钱经商。

同年年底(24岁)，再次破产。接下来，他花了16年时间才把债还清。

1834年(25岁)，再次竞选州议员，这次赢了。

1835年(26岁)，订婚后即将结婚时，未婚妻死了。

1836年(27岁)，精神完全崩溃，卧病在床六个月。

1838年(29岁)，争取成为州议员的发言人——没有成功。

1840年(31岁)，争取成为选举人——落选了。

1843年(34岁)，参加国会大选——又落选了。

1846年(37岁)，再次参加国会大选——这回当选了。前往华盛顿特区，表现可圈可点。

1848年(39岁)，寻求国会议员连任，失败。

1849年(40岁)，想在自己州内担任土地局长的工作，遭到拒绝。

1854年(45岁)，竞选美国参议员，落选。

1856年(47岁)，在共和党内争取副总统的提名——得票不足100张。

1860年(51岁)，当选美国第16届总统，成为美国历史上最伟大的总统之一。

这个美国人就是林肯——自开国以来最受美国人民敬仰的三位美国总统之一。

1809年2月12日，亚伯拉罕·林肯出生于肯塔基州一个“拓荒者”的家庭。在那美洲新开垦的土地上，林肯从小就跟随父母过着拓荒的生活，饱尝了生活的艰辛，也体验过朴素生活的快乐。9岁时，林肯痛失母亲，从此整个家庭像失去了光明。但是，在人生的漫漫长路上，林肯依然走了下去，母亲那正直做人的教诲始终铭记在心中。

那些履历就是9岁以后的人生奋斗过程。在走向未来的路上，林肯始终是跌倒爬起，再跌倒再爬起，最终走向了辉煌的人生。林肯在竞选参议员落败后曾说过这样一句话：“此路艰辛而泥泞。我一只脚滑了一下，另一只脚也因而站不稳；但我缓口气，告诉自己，这不过是滑了一跤，并不是死去而爬不起来。”

正因为林肯对人生有过种种体验，才使他具有一种博大的胸怀，洞悉人世真谛，使他能够善待自己，善待他人。

林肯在竞选总统前夕，在一次在参议院进行演说时，遭到一个参议员的羞辱，那个参议员不屑地对林肯说道：“林肯先生，在你开始演讲之前，我希望你记住自己是个鞋匠的儿子。”

“我非常感谢你使我记起了我的父亲，他已经过世了，我一定记住你的忠告，我知道我做总统无法像我父亲做鞋匠那样做得好。”此言一出，参议院陷入了一片沉默。

他转过头来对那个傲慢的参议员说道：“据我所知，我的父亲以前也为你的家人做过鞋子,如果你的鞋子不合脚,我可以帮你改正它。虽然我不是伟大的鞋匠,但我从小就跟我的父亲学会了做鞋子的技术。”

然后,他又对在场的众人说道:“对参议院的任何人都一样,如果你们穿的那双鞋是我父亲做的,而它们需要修理或改善,我一定尽可能地帮忙。但有一点可以肯定,我的手艺无法与我的父亲相比。”林肯诚挚而坦白的说辞令在场的人甚为感慨,引来了一片掌声。

1860年,林肯竞选成功,当选为美国总统。当时有一个参议员叫萨蒙·蔡思,在众人眼中,他是一个狂妄十足、极其自大,而且妒忌心极重的家伙。他狂热地追求最高领导权,本想入主白宫,不料落败于林肯,只好退而求其次,想当国务卿。鉴于此,很多人反对让他进入内阁。

但林肯却不以为然,他认为此人虽然给人以口实,但确实是个大能人,在财政预算与宏观调控方面很有一套,所以就用其所长,任命他为财政部长,并一直很器重他,而且通过各种手段尽量减少与他的摩擦。

但蔡思却不领情,依然为谋求总统的位置而四处活动。

当有人把蔡思的言行告诉给林肯时,林肯就讲了一个耐人寻味的故事:有一天,林肯和他兄弟在肯塔基老家的农场里耕地。有一匹干活的马很懒,总是磨洋工。不知何故,突然之间,它却在地里飞跑起来,以至于兄弟俩差点都跟不上它。到了地头他们才发现,原来有一只很大的马蝇叮在了马背上。林肯不忍心让马被咬,就把马蝇打落在地。可他的兄弟却说:“别打呀,就因为有那只马蝇,马才跑得这么快。”

讲完这个故事,林肯意味深长地对来人说,现在正好有一只名叫“总统欲”的马蝇叮着蔡思先生,那么只要它能使蔡思那个部门不停地跑,自己还不想打落它。

有人批评林肯总统对待政敌的态度:“你为什么试图让他们变成朋友呢?你应该想办法打击他们,消灭他们才对。”

“我们难道不是在消灭政敌吗?当我们成为朋友时,政敌就不存在了。”林肯总统温和地说。化敌为友,只有胸怀宽广的人才能做到这一点。

以林肯名字命名的纪念馆的墙壁上刻着的是这样的一段话:“对任何

人不怀恶意，对一切人宽大仁爱，坚持正义，因为上帝使我们懂得正义，让我们继续努力去完成我们正在从事的事业。”

林肯之所以成为美国最伟大的领袖之一，赢得人们的敬仰，这和他的修养达到了一种高超的境界是分不开的。

逐梦箴言

荀子曾对宽容做过表述：

君子贤能而能容纳无能的人，聪明而能容纳愚昧的人，知识渊博而能容纳孤陋寡闻的人，道德纯粹而能容纳品行驳杂的人。这是一种海纳百川，有容乃大的至高境界。

知识链接

南北战争：又叫“美国内战”。1861—1865 年，美国北部资本雇佣劳动制各州同南部反叛的种植园奴隶制各州之间的战争。1860 年，反对黑奴制的共和党人林肯当选联邦政府总统，导致南部发动内战。1862 年林肯颁布《宅地法》，发表《解放宣言》草案，改组军队，鼓励了工人、农民和黑人参战的热情。1865 年 4 月，南部同盟军统帅罗伯特·李率残部投降，战事结束。

■ 大帝的姿态

俄国西部的一个乡镇。

一个身着布衣看似普通的男子在寻找着什么。在一个旅馆的门前，一个军人无所事事地叼着烟袋抽烟。这名男子来到了一个三岔路口，四下看看，见军人站在那里，便走上前来，问道："朋友，你能告诉我去客栈的路吗？"

那军人吸了一口烟，扭了扭头，高傲地把来人上下打量一番，见来者穿着普通，便傲慢地随口说了句："朝右走！"

来人说了声："谢谢！"随后又问道："请问这里离客栈还有多远?"

"一英里。"那军人生硬地说，头也没抬一下。

那男子抽身道别，刚走出几步又停下来回身。

军人见状，有些不耐烦地瞥了一眼。

男子微笑着说："请原谅，我可以再问你一个问题吗?如果你允许我问的话，请问你的军衔是什么?"

军人自傲地说："猜嘛。"

男子说："中尉?"

那军人吐了口烟，嘴唇动了一下，显然猜得不对。

"上尉?"男子又说。

此刻，那军人更是做出了了不起的姿态，说："还要高些。"

"少校？"男子确定地说道。

“是的！”他高傲地回答。

闻听此言，男子敬佩地向他敬了礼。

少校转过身来摆出对下级说话的高贵神气，问道：“假如你不介意，请问你是什么官？”

男子乐呵呵地重复了少校的问话：“你猜！”

“中尉？”少校猜道。

男子摇头说：“不是。”

“上尉？”

“也不是！”

少校有些疑惑，走上前再次上下打量一番，说道：“这么说你也是少校？”

男子镇静地说：“请继续猜！”

少校取下烟斗，那副高贵的神气一下子消失了，显得肃然起敬。他用十分尊敬的语气低声而和缓地说：“那么你是部长或将军？”

“快猜着了。”男子说。

“殿……殿下是陆军元帅吗？”少校已经有些失语，结结巴巴地说。

大帝说：“我的少校，再猜一次吧！”

“啊！皇帝陛下！”少校几乎惊呆，“陛下，饶恕我！”

皇帝还是平静地看着他。

此刻，少校的烟斗已经失手掉到了地上，他猛地跪在男子面前，忙不迭地喊道：“陛下，饶恕我！饶恕我！”

“饶恕你什么？朋友。”皇帝笑着说，“你又没伤害我，我向你问路，你告诉了我，我还应该谢谢你呢！”

少校眼前的这位皇帝，这位既可以饶恕别人，也可以不饶恕别人的人，就是一代枭雄——亚历山大大帝。

上述简单的情景发生在亚历山大大帝在俄国考察、了解民意时。亚历山大大帝能够独自一人布衣潜行深入民间，可见其作为一位皇帝的胆识与韬略。他能以宽容的姿态宽容了他的傲慢的属下，这也证明了作为一位皇帝的宽广胸怀。

试想，如果亚历山大大帝走向宽容的反面，那名少校必然遭到苛罚，以皇帝的威仪，冒犯天颜者，取其性命都无不可。但是，这就留下了怨忿或是仇恨的种子。而以宽容的胸襟加以对待，则让宽容者的恩威深入人心。惩则散，容则聚。亚历山大大帝之所以能威震欧亚、驰骋四方，与他所具有的凝聚力是分不开的。

逐梦箴言

万人之上的亚历山大大帝能以宽大的胸怀对待别人，这给我们以难得的启示。人生的过程中，总会遇到各种各样的事情，当我们面临选择的时候，保持一种宽容的心态是极为重要的。如果宽容之心常伴左右，那么，人生就达到了一种和谐的境界。

知识链接

亚历山大大帝（公元前 356 年 7 月 20 日 – 前 323 年 6 月 10 日），生于马其顿王国首都派拉城，曾师从古希腊著名学者亚里士多德，18 岁随父出征，20 岁继承王位。是欧洲历史上最伟大的军事天才，马其顿帝国最富盛名的征服者。他雄才伟略，骁勇善战，率领军队驰骋欧亚非大陆，使古希腊文明得以广泛传播，是世界古代史上最著名的军事家和政治家。

智慧心语

一个伟大的人有两颗心：一颗心流血；另一颗心宽容。

——纪伯伦

君子量不极，胸吞百川流。

——孟 郊

智慧的艺术就是懂得该宽容什么的艺术。

——威廉·詹姆斯

宽宏精神是一切事物中最伟大的。

——欧 文

凡是伟大的人物从来不承认生活是不可改造的。他会对于当时的环境不满意；不过他的不满意不但不会使他抱怨和不快乐，反而使他充满一股热忱想闯出一番事业来，而其所作所为便得出了结果。

——麦尔顿

第十章

我的未来不是梦

导读

每个人都有梦想，每个国家都有梦想，每个民族都有梦想，整个人类依然有梦想。梦想是人类赖以生存和发展，走向文明的驱动力；它既赋予人类以畅想的激情，又让人类收获成功的喜悦和欢愉。

梦想即生命本身

果实是种子的梦想,大树是根苗的梦想,凡是有生命的东西,就有着与生俱来的梦想,梦想即生命本身。

可以说,人的梦想是这世间最奇妙的梦想:它简单又复杂,它渺小又伟大。饥馁之时,能够果腹就是梦想;病痛之际,可以痊愈就是梦想;贫困之境,化作富有就是梦想;困顿之结,豁然开朗就是梦想。

梦想的差异,造就了不同的人生。梦想的高度决定了人生的高度,伟大的梦想造就了伟大的人生。

人类飞升的梦想,起初看来是多么的虚幻而遥不可及,但月球之旅的实现,将这种梦想变为最伟大的梦想。

古往今来那些为世人敬仰的人物,都是怀揣梦想一路走来,哪怕前路艰难坎坷,矢志不渝,他们实现了人生的价值,揭示了实现梦想的真谛。

拿破仑可以称为"奇迹创造者","不想当将军的士兵不是好士兵"就是他的至理名言。

■ 梦想点燃希望，时势造就英雄

在历史的紧要关头，总有英雄人物凌空而起，肩负起历史的重任，以领袖的姿态迎接挑战。他们的举动令人惊叹，他们的精神令人折服。但是，领袖绝非平空产生，他们的每一次成长都伴着梦想和期待。有梦想才有希望，有希望才有成功。当人们仰望那些伟大人物的时候，看到的首先是他们的超群拔俗，是他们那无法比肩的丰功伟业。然而，当人们把目光投向他们的成长历程之时，总是不难发现，这些耀眼的人物，也曾经是那么的弱小，他们与常人一样，都是孕育于母体，成长于襁褓，学步于踉跄之中。起初，他们与常人并无二致，可是，当梦想来临的时候，他们的内心开始有了不同的轨迹，他们的道路也有了独特的方向。他们的先天禀赋开始被调动，他们的各种能力开始培养。当历史的机遇降临之时，他们那完备的人格力量开始显现，应和了时势的选择，而他的梦想也就在这里出现了清晰的轮廓。至关重要的是，这些伟大的人物，都有着对梦想的执着追求，正所谓"路漫漫其修远兮，吾将上下而求索"，这种百折不回的意志力远非常人可比，艰难困苦，玉汝于成。

——最终，伟大的人物出现了。

梦想就是一粒火种，它可以点燃起澎湃的激情，让思想升华，让智慧闪光，化腐朽为神奇。

用梦想托起人生高度

有人群的地方，就有领袖。领袖可以是一种职业，但它更是一种生活。

领袖产生于群体，群体付与我们每个人同样的权利和义务，“人人皆可为尧舜”，那么，你——也可以成为领袖；重要的是，你要有一种梦想——一种作为领袖的梦想。

恺撒大帝少年时代就有了渴望登上罗马最高位的强烈渴望，带着这种渴望，他做出了巨大的努力：完善自己的性格品质，提升自己的多方才能。

当这一切达到成熟，历史扬起了召唤的巨手，恺撒一跃而起，梦想在一时间变得清晰可辨，成为眼前的现实。

当丘吉尔热衷于政治之后，首相职位就是他的梦想。他历经百般周折，从不退缩，终于一步步登上了政坛的巅峰。由于他的功绩，英国摆脱了法西斯的梦魇，世界也因此得以驱散战争的阴云。

个人伟大梦想的实现，往往与整个群体的利害息息相关，所以，每一个人都应该站在历史的、社会的高度，以积极的心态看待自己的人生，实现人生应有的价值。

走在梦想路上

易卜生说过："社会犹如一条船，每个人都要有掌舵的准备。"

掌舵，就意味着社会的航船要由你来指引方向，你也就肩负起了领袖的责任。

历数古往今来领袖人物，凡成大业者往往具有诸多优良的个性品质，诚实守信、刚毅果敢、宽容大度、有胆有识、勇于担当，等等，这些上天赋予人类的固有品质，在杰出者的身上体现得尤为显著，而且，在人生的历练中，他们又能将其发扬光大，由此锻炼出诸多的才能。

马克思能担当起全世界无产者的领袖，靠的是他具备一颗为全体大众奉献的灵魂，而依托的则是他对世事的高瞻远瞩和才学的博大精深。

富兰克林不但是美国独立战争的领袖、《独立宣言》的主要起草者，还是成就显著的科学家。

恺撒大帝不但开创了古罗马帝国长久的基业，其所著《高卢战记》更为后世军事家奉为圭臬。

丘吉尔被世人誉为有史以来最伟大的英国人，他既是杰出的首相，又是出色的记者，诺贝尔文学奖的桂冠也戴在了他的头上。

由此可以看出，梦想出于心灵，却行走在路上，没有历练的梦想是空想，不经风雨的愿望只能是失望。"要有掌舵的准备"，就是既需要远大的抱负，还需要脚踏实地的行动。

智慧心语

为人类的幸福而劳动，这是多么壮丽的事业，这个目的有多么伟大！

——圣西门

没有伟大的愿望，就没有伟大的天才。

——巴尔扎克

梦想只要能持久，就能成为现实。我们不就是生活在梦想中的吗?

——丁尼生

梦想一旦被付诸行动，就会变得神圣。

——阿·安·普罗克特

一个人追求的目标越高，他的才力就发展得越快，对社会就越有益。

——高尔基

我的未来不是梦